明清史学术文库

明代文书档案制度研究

秦国经 著

故宫出版社
The Forbidden City Publishing House

秦国经，1936 年生于河南省汝南县，1960 年毕业于中国人民大学历史档案系，曾任中国第一历史档案馆档案整理部主任、副馆长等职，现为中国第一历史档案馆研究馆员。致力于明清档案的整理与研究工作五十余年，曾主编或与人合编《清代官员履历档案全编》《英使马戛尔尼访华档案史料汇编》《清代中琉关系档案选编》《清代中朝关系档案史料汇编》《清代中国与东南亚各国关系档案史料汇编》等；自撰或与人合著《逊清皇室秘闻》《御笔诏令说清史》《清季中外使领年表》《清代文书档案图鉴》《清代文书档案制度》《紫禁城 · 皇家生活全景》《中国第一历史档案馆馆藏档案概述》《明清档案学》《中华明清珍档指南》等；先后发表《论中国档案的分类》《明清档案的价值和作用》《清代奏折：弥足珍贵的古文书》《清代档案与官修史籍》《石室金匮皇史宬——我国现存最古老最完整的皇家档案库房》等论文六十余篇。

明帝在治国理政中很重视文书档案工作。文书用于传达政令、沟通信息，档案用于资政、存史，以期王朝的长治久安。其特点如下：一、朱元璋对国家机关进行了一系列改革后，内外章奏直达御前，使君主专制独裁制度达到了空前的高度。但明中后期的皇帝长期不理朝政，造成宦官专权，代皇帝批红，使政局混乱，国势日下。二、严格的封建等级行文制度。如，规定诏、诰、制、敕、册、谕、书、符、令、檄为皇帝专用，题、奏、启、表、笺、讲章等为臣僚的上奏文书。三、定有玺印制度、行移押署体式、驿递制度，以保证公文的真实可信和快速传递；定有密疏制度、行移勘合制度、照刷磨勘制度等，以加强对文档的保密和稽查工作。四、定有专门的档案制度，如文武官员的贴黄、选簿等。明朝的文书档案制度，上承汉唐宋元，下启清代，是中国历史上最完备的古代文书档案制度。

秦國經

2018年4月25日

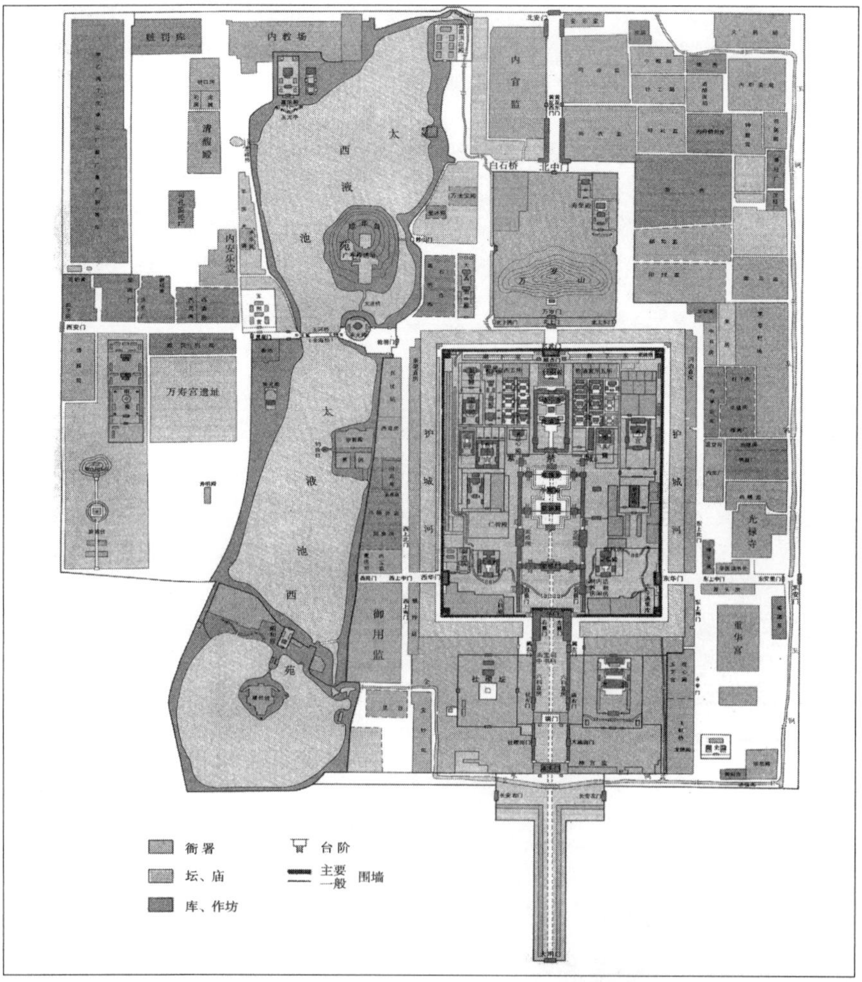

明皇城（天启—崇祯年间）

皇史宬正殿外景

明太祖朱元璋像

明成祖朱棣像

明世宗朱厚熜像

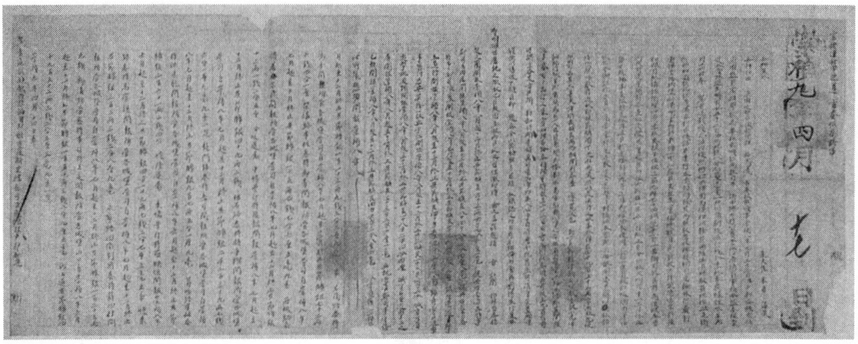

明题行稿

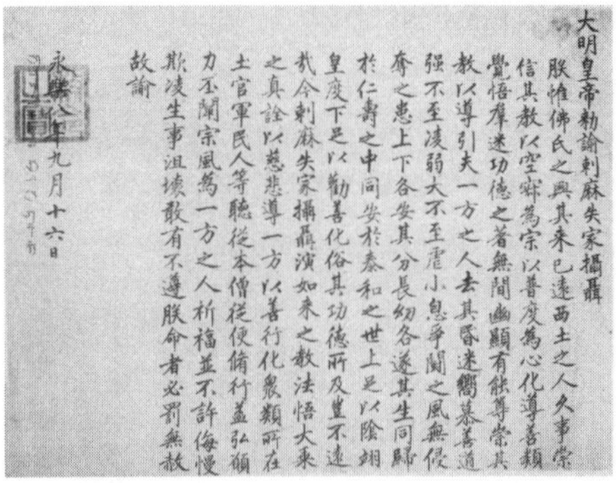

大明皇帝勑諭剌麻失家攝聶
朕惟佛氏之興其來已遠西土之人久事崇
信其教以空寂為宗以普度為心化導善類
覺悟羣迷功德之著無間幽顯有能尊崇其
教以導引夫一方之人去其昏迷嚮慕善道
強不至淩弱大不至虐小息爭鬭之風無侵
奪之患上下各安其分長幼各遂其生同歸
於仁壽之中同安於泰和之世上足以陰翊
皇度下足以勸善化俗其功德所及豈不遠
哉今剌麻失家攝聶演如來之教法悟大乘
之真詮以慈悲導一方以善行化衆類所在
土官軍民人等聽從本僧從便脩行益弘願
力丕闡宗風為一方之人祈福並不許侮慢
欺淩生事沮壞敢有不遵朕命者必罰無赦
故諭
永樂[illegible]年九月十六日

大明皇帝敕谕剌麻失家摄聂（汉文）

大明皇帝敕谕剌麻失家摄聂（藏文）

总序一

2012年是清帝退位一百周年，明清史研究也走过了百余年的风雨历程。出于总结和促进发展的目的，故宫出版社将百年来明清史专题研究的重要的甚至经典性著作，遴选四十余部再版发行，以期对当前的明清史研究有所裨益，这是令人高兴和值得肯定之举。

长达五百余年的明清两代，是中国历史上两个重要的王朝，既处于我国封建社会行将灭亡的衰落时期，又处在中国封建专制主义发展的巅峰时期。盛世与没落，帝王的文治武功与社会的演进变革，殖民者的“福音”传播与列强的坚船利炮，此起彼伏的农民起义与先进的中国人的图强探索，以及革命与改良，等等。这是一个多姿多彩且天翻地覆的历史时期。这一时期又连接着今天，影响着今天。因此，研究明清两代的历史，就有着十分重要的意义。

现代意义上的明清历史研究开始于20世纪初。面对清王朝的腐朽没落、半殖民地半封建社会的奴役屈辱、资产阶级革命的风起云涌，以梁启超、夏曾佑、严复、孟森、章太炎、向达、谢国桢、萧一山等学者为代表的中国知识界，继承中国古代社会“鉴古知今”的历史传统，吸收近代科学理论知识，开始对清先世、明满关系、南明史、学术史，后渐扩大到秘密社会史、华侨史、晚清史（这是一大热点）、民族史、历史地理、财政史、盐业史等明清历史的多个方面，进行系统研究，筚路蓝缕，取得了丰硕的成果。

中华人民共和国成立以后，特别是改革开放以来，学术界在马列主义理论指导下，继承老一辈学者的信实学风，汲取西方学术研究的科学方法，解放思想，大胆探索，推动了明清史研究的不断深入。研究领域在不断扩大，研究水平在不断提高，明清史学逐渐形成充满朝气、欣欣向荣的繁荣景象。经过数十年的发展与积淀，时间已为我们留下了一些有价值的学术著作，这些著作资料翔实，论述严密，条理贯通，至今仍为许多学者所推崇。因此，将多年以来明清史研究著作纳入《文库》，重新修订再版，可使我们回顾明清史学研究的发展轨迹，促进 21 世纪明清史学术研究的深入发展。

故宫博物院和故宫出版社推出这套《明清史学术文库》还有一层特殊的意义，这就是故宫和故宫博物院在明清史研究中的特殊地位。故宫作为明清两代的皇宫紫禁城，在明清两朝的统治历史中，共有 24 位皇帝在此生活执政，使之在五百多年中成为全国的政治中心、文化中心，演绎出一幕幕兴衰史剧，几乎明清时期的每一个重大历史事件，都与宫廷发生着密切的联系。故宫几乎每一座宫殿、每一个院落、每一处山石，甚至每一口水井、一床一案，都有一段传奇经历，蕴含着独特的、浓厚的历史文化信息，涉及建筑、园林、历史、地理、文献、文物、考古、美术、宗教、民族、典制、礼俗等诸多学科与门类。这也是研究明清时期典章制度、宫廷建筑、宫廷生活等历史问题的专家学者不能不予以关注、不能不去考察体验的诸多社会历史领域。建立在以明清两代皇宫“原址保护”基础上的故宫博物院，兼容建筑、藏品与其中蕴含丰富的宫廷历史文化为一体，这一特点及优势，决定了它在整个明清史研究中有着独特的、不可替代的重要地位。而故宫的一切研究工作也离不开明清史学术界的辛勤劳动。

正是基于这种独特关系，故宫博物院与清史编纂委员会联合举办清史研讨会，与北京大学联合主办《明清论丛》，成立明清宫廷史研究中心和故宫学研究所，组织编纂明清史研究丛书，并资助出版一大批重要的明清史学术研究成果，受到学界的广泛赞许。以突出皇宫、皇权和皇帝等皇家文化研究的“故宫学”学术概念，也得到了学界的广泛关注。浙江大学、中国社会科学院研究生院等高校已开始招收这方面的硕士研究生，浙江大学成立了故宫学研究中心，南开大学成立了明清宫廷史与故宫学研究中心，台湾清华大学开设了“故宫学概论”课程等。所有这些，必将对故宫博物院的日常工作和学术研究，以及明清史学界的进一步发展，产生重要的推动作用。

故宫出版社作为故宫博物院的重要部门，一直把促进明清史和故宫学的研究作为自己义不容辞的责任和义务，做出了积极的努力，也取得了重要的成果。本次推出这套《明清史学术文库》，在整合、出版既有学术成果的基础上，通过深入地与专家、学者沟通，对明清史及故宫学研究涉及的一些问题进行专题探讨，以提高明清史和故宫学研究的理论水平，并向成为我国明清史研究成果的出版重镇不断迈进，其精神也值得赞扬。我们相信，通过故宫出版社与明清学术界的不断努力，明清历史研究必将取得更大的发展。

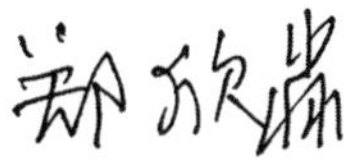

2012年 7 月

总序二

一百年前的1912年，清朝覆亡，宣统帝退位，中华民国建立，标志着统治中国长达两千多年封建帝制的终结。中国历史迈开了前进的脚步，中国人民觉醒奋起，在近代化的征途上努力前进。

伴随着清王朝的覆灭，中国的一大批学者对中国封建社会的最后两个王朝——明朝和清朝的历史进行了认真、系统的研究，章太炎、梁启超、孟森、钱穆、萧一山、蒋廷黻、郭廷以、郑天挺、吴晗、罗尔纲、王钟翰等学术前辈在明清史处女地上披荆斩棘、辛勤耕耘，为明清史学的发展奠定了基础。改革开放以来，学术界百花齐放、百家争鸣，以马克思主义为指导不断地解放思想，积极吸收外国的研究思想和方法，使我国明清史的研究出现了前所未有的长足进步，涌现出一批有价值的学术著作。但在当时，中国或者尚在战乱时期，或者尚在建设的探索时期，经济贫穷，文化欠发达，学术著作的印刷数量不多，流传不广，不利于学术交流和明清史研究更深入的发展，故而故宫出版社将多年来明清史专题性研究著作纳入《明清史学术文库》，重新修订再版，力求涵盖民国以来各个时期的学术大家及其代表性著作，目的就在于将涉及政治、经济、文化、社会生活等方面的研究著作汇集一起，以此反映明清社会的整体状况，为学者深入研究明清时期的社会状况提供学术平台。

明清两代，时间长达五百多年之久，道路崎岖，变化迅速，人物和事件丰富繁多，是最接近今天现实的历史，生产力已有相当发展，居于当时世界各国的前列，社会结构和各种关系已相当复杂，人口众多，经济繁荣，交流频繁，财富充盈，各种事业兴旺发达。至康雍乾时期，中国历史发展到最高峰。但社会中的各个领域存在着缺陷，各种主客观条件尚未具备，整个社会难以协同推进，阻力重重，举步维艰，所以未能进入近代化的轨道。中国坐失了西方世界在 18 世纪所抓住的社会进步的良好时机，这是中国的不幸，也是我们前几辈先人痛心扼腕、力图奋起直追的动力和原因。今天，我们正在建设中国特色的社会主义，成绩辉煌，但前途还有许多艰难曲折，需要我们奋斗拼搏，晚近明清历史上先辈们走过的崎岖道路值得我们回顾、反思、探索、研究，以利于后人的继续快步前进。

在中华民国成立以前，明清史虽已编纂了许多重要的档案资料，但研究尚在起步阶段，历史编纂中充斥着对本朝的歌功颂德和对前朝的诋毁。民国以后的明清史研究则有了重大的进步。

其进步主要可举出三个方面：

第一，改变了形而上学和英雄史观，逐渐以社会进步史观和马克思主义唯物史观来研究历史；改变了停滞不动、堆砌史料、罗列历史事实，不讲究前因和后果，不揭示历史发展的客观规律，强调英雄创造了历史而忽视人民群众的生产斗争、阶级斗争，不能给人以真实的历史知识的做法。历史是人类进步的活动，是人民群众艰辛创造和英勇斗争的进程。经济活动是人类社会的基础，而政治、军事、法制、文化、思想都是其上层建筑，将会或早或迟地随着经济基础的变化而变化。20 世纪初进步史观和马克思主义唯物史观的出现，大大改变和推动了中国历史研究，明清史研究领域出现了许多高水平的、科学的、实证的明清史著作。

第二，研究领域的扩大。自民国以来，明清史研究的领域不断扩大，不仅着重于帝王将相活动，不仅有内外战争、官场升贬、刑律惩治，也不仅宣扬封建的纲常伦理，还涉及中央和地方的典章制度、兴废沿革、官阶序列、财政收支、赋税征收，人口的增减迁移，城镇的设置变迁；经济方面有农林牧副各业的状况，开垦和耕作记录，各种传统的手工业和商业，以至近代工厂、矿场的兴起，电报的设置，火车轮船的建造；军事方面，有八旗、绿营、团练、湘军、淮军以至北洋水师、小站练兵等；文化方面，既有诗文辞赋、绘画书法、人物传记，又有昆曲、京剧、小说、唱本各种民间艺术；加之民族、法制、科学、宗教、城市、乡镇、风俗习惯、生态海洋等方面。各种研究无所不包，覆盖了各个社会历史领域，使得每朝的史书类似于百科全书型的著作，可以阅读和寻找到各种各样的知识。

第三，史料的整理和发展大为进步。民国以后，大内档案公之于世，其数量达一千万件以上，其中尤以清朝的档案与史料为多，它们的大量公开出版为后人提供了无穷的研究宝藏。档案和各种史料是认识和研究历史的重要载体，只有对它进行积累、分析、辨识、考证，才能揭示出历史的真相。近百年来，收集、保存、整理和利用这些珍贵的历史资料取得了很大的成绩，使我们对五百多年的明清历史有了许多新的重要的发现和认识。

故宫出版社作为故宫博物院的下属部门，把服务和促进明清史和故宫学研究作为自己的责任和义务，并为此做出了不懈的努力，坚持资助出版《明清论丛》，还抽出人力、物力出版了《明代宫廷史研究丛书》等一批颇具特色的明清史著作，逐渐成为明清史研究成果的一个重要的出版阵地，为明清史研究的深入发展，作出了积极贡献。相信本丛书的出版，无论对史学工作者还是普通的史学爱好者，都是一个极大的便利，必将对明清史学术知识和研究的深入发展与广度普及，产生积极的影响。

戴逸

2012年 7 月

目　录

绪论　先秦至元文书档案制度概述

我国是世界文明古国之一，有着悠久的历史和灿烂的文化。早在四千多年前的夏商时代，我们的祖先便发明了文字，并用文字记录事情，传达信息，继而文书得以产生。据古籍记载，夏代的文书有典、谟、誓等。

继夏之后的商朝，从商汤至商纣王，历时五百余年。其间因盘庚迁都于殷（今河南省安阳市西），商朝又被称“殷商”。商朝社会政治的最大特点是崇尚神祖。商王一切活动都要先请命上天和祖先，卜问吉凶，以祈求保佑和赐福。因此商朝国家的主要活动，除了打仗，就是祭祀，所谓“国之大事，在祀与戎”。当时的占卜由国王和史官主持，占卜的结果记录在龟甲、兽骨上。所以商王朝在长期的国事活动中，形成了大量的占卜文书。事后由史官加以整理，集中保存于商朝的都城——殷。这便是我国最古老的文字记录——甲骨档案。

现存的甲骨档案约有 15 万片，其内容主要为占卜刻辞，记载了武丁以后祖庚、祖甲、廪辛、康丁、武乙、文丁、帝乙、帝辛，七世九王的生产、政治和军事活动情况。其次，也有不少记事刻辞和表谱刻辞。这些甲骨档案是殷商历史的原始记录，也是光辉灿烂的中华文化的基石。

商代的档案除甲骨档案外，还有今文《尚书》中的《商书》。《汤誓》，商汤讨伐夏桀的战争动员令。《盘庚》，诰体，是盘庚为迁都反复劝谕臣民的诰词。《高宗肜日》，训词，记载对高宗的告诫。《西伯戡黎》，训词，记录了周文王戡平黎国，商纣王与臣下的对策。《微子》，诰词。微子是纣的兄长。纣荒淫无道，微子多次规劝不听，就与父师、少师商议在国家行将灭亡的情况下，各自应抱的态度和退路。

从上述文献可知，商代的文书除沿用夏朝的文种外，还创用了训、诰等文种。“训”是君王对臣下的训示，或下戒上之词。《高宗肜日》《西伯戡黎》，为下戒上词。“诰”是君王训诫、告晓臣下的文书，如《汤誓》《盘庚》。

西周的文书档案工作较商朝有进一步的发展。首先，文书的种类增加了。除王和诸侯使用命令文书仍沿用前代的诰、誓、命等文种外，增加了会计文书、户籍、地图、奴籍文书、盟约、刑律文书、人事文书和谱牒等。其次，文书档案制度进一步建立。规定文书的正副本制度；王朝的档案“都要登于天府（王朝的中央档案库)”，重要的档案藏于金柜。

西周的政务文书多书于竹木之上，所以称简牍或简册。国王和贵族的重要文书也书于青铜器（如毛公鼎、大盂鼎等）上，以传子孙，称金文档案。

我国奴隶制社会经夏、商、西周，到了春秋战国时期，开始了向封建社会过渡。春秋战国的兼并战争和社会大变革，一方面使档案遭到很大的破坏；另一方面，顺应新制度的需要，也产生了一些新的文书，如刑书、计书、盟书、玺书、符节、移书、上书、檄文、契券等。

由于社会的大变动，不少官府的档案流传到民间，为当时的士族提供了学术研究的条件。在搜集和利用档案方面，以孔子最为突出。他曾利用鲁、周、宋、杞等国史官记注和官府文书，整理六经。

公元前 221 年，秦王嬴政统一六国，建立起我国第一个统一的中央集权的封建国家。秦朝为加强中央集权，采取一系列措施。嬴政“自以为德兼三皇，功高五帝”，因而自称为“始皇帝”。与此相应，他制定了一套尊君抑臣的朝仪制度和文书制度。

秦始皇为显示皇帝的权威，规定了皇帝的专用文书为制、诏。“制”为皇帝颁布重大制度的命令文书。秦以前，王言称命。秦统一后，改命为制。“制书，帝者制度之命也，其文曰制。”[1]“诏书”，皇帝颁布不属于重大制度的命令文书，多用于答复臣僚的上奏和训示官员。对臣僚上呈文书，规定用奏、议。“奏”为臣僚向皇帝进言陈事的文书。“议”为群臣讨论未决政事的文书。凡臣僚上奏文书中，遇有皇帝姓名、尊号等要抬写，以示对皇帝的尊敬。另外，规定在文书中要回避君父尊亲的名字，这也是宗法礼仪在文书体式上的反映。

汉承秦制，两汉时期封建文书档案制度有进一步的发展。在诏令文书方面，除了沿用制书和诏书外，又增加了策书、戒书两种。“策书”亦称册书，是皇帝用来册封或罢免诸侯王公等的文书。“戒书”也称敕、敕戒、戒敕，为皇帝教诲、训诫州刺史、郡守及三边营官等地方军政长官的文书。臣僚上奏文书，除沿用秦朝的奏、议以外，又增加了章、表、上疏、驳议、状。各级官署的文书有令、教、敕、移等。

汉王朝对档案的收集和保藏十分重视，在宫内外筑有保藏图书档案的处所，如著名的石渠阁、兰台、东观。石渠阁是汉初丞相萧何所造，以藏秦朝的图籍档案。兰台是汉代中央档案典籍库。设兰台令史，秩六百石，“掌图籍秘书”。东观，东汉王朝收藏档案典籍的处所，位于洛阳宫中。司马迁的《史记》和班固的《汉

1 《史记·秦始皇本纪》。

书》，就是大量利用王朝和官署秘藏的档案典籍而写成的。

公元220年，东汉灭亡，中国进入动乱的魏晋南北朝时期。这一时期，文书档案基本沿用两汉旧制，但也增加了一些新的文种。诏令文书中的册书，即汉时的策书，魏以后皆以金玉为之。北周时改制、敕为天制、天敕。皇太子颁下的文书为令书。臣僚上奏的文书增加了启、贺表。“启”为上书皇太子的专用文书。“贺表”为庆贺国家庆典的文书。魏晋以后，由于门阀等级制度森严，所以士族很重视编修谱牒，以维护自己的特权和地位。因而，魏晋南北朝时期，谱牒大量产生，谱牒学也很兴盛。

隋唐时期是我国封建社会历史中辉煌灿烂的时期，文书档案制度也更加成熟，如文种比较固定，又简明易行。皇帝的诏令文书有制、敕、册三种。制又分七种——“凡王言之制有七：一曰册书，二曰制书，三曰慰劳制书，四曰发敕，五曰敕旨，六曰论事敕旨，七曰敕牒。”[1]臣僚的上奏文书，除沿用前朝的表、状、笺、启、牒、议、疏之外，还有牓子、熟状、辞案。“牓子”为百官向皇帝奏事使用文书之一。“熟状”为宰相呈报皇帝审批的一般行政事务文书。“辞”为一般百姓、官吏上呈的文书。除政务文书外，唐代还有记注档案、甲历档案、赋役档案、法律档案等。

唐朝之后是五代十国的分裂割据局面。公元960年，赵匡胤建立起统一的宋王朝。宋代皇帝诏令文书有七种：册书、制书、诏书、敕书、诰命、御札、敕牓。臣僚上奏文书，新增的有札子、奏状、榜子、笺等。宋朝对档案的收集、保管十分重视，在中央设崇文院和秘阁以收集档案典籍，在地方各级官署都设专贮档案文献的架阁。

元朝是由蒙古族建立起来的一个军事大帝国，其文书档案制度具有浓郁的民族特色。皇帝的诏令文书，除使用制、诏外，还

1 《旧唐书·职官二》。

有宣命、敕牒。臣僚上疏用奏，给皇太子上书用启。官府行移文书：上行文书有申、咨呈、牒上、牒呈上、状，下行文书有札付、咨付、今故牒、指挥，平行文书有咨、关、平牒等。元朝文书早期主要使用畏兀儿文字，元世祖以后多用蒙、汉两种文字。元朝文书制度的特点：多用简笔字和俗字；很少避讳；仍保留着蒙古族原始军事民主制处理文书的办法，即圆佥文书制度。

明朝处于中国封建社会的晚期，是继元之后又一个统一的多民族国家。从 1368 年朱元璋建立明朝，到 1644 年被李自成农民起义军推翻，历洪武、建文、永乐、洪熙、宣德、正统、景泰、天顺、成化、弘治、正德、嘉靖、隆庆、万历、泰昌、天启、崇祯十七朝十六帝，共统治全国 277 年。

明朝是中国历史上对外开放的一个高潮时期。当时的中国，统一的多民族国家进一步巩固和发展，政治、经济、文化发展，是世界发达国家之一。明朝的疆域辽阔，东北抵日本海、鄂霍次克海、兀的河流域，西北到新疆哈密，西南包括今西藏、云南，东南到海并及于海外诸岛。[1]明朝的对外交往，有郑和七下西洋之壮举，并有兴盛的中西文化交流活动。

1 《中国大百科全书·中国历史》，第 425 页，中国大百科全书出版社，1997 年。

第一章　明代的政治制度与国家机关

明太祖朱元璋即位后，吸取了历史上封建专制统治的经验，采取了一系列加强中央集权的措施，如废除行中书省。

明初，沿元旧制，各地设行中书省，为地方最高行政机关。行省的权力很大，总揽所辖地区的军事、行政、民政、财政和司法权。这种权力极大的行省制度便和中央集权制发生了矛盾，所以在洪武九年下令废除行中书省制度，撤去平章政事、左丞、右丞等地方长官。仿宋制，以承宣布政使司、都指挥使司和提刑按察使司共同组成省级行政机关，称三司，分别管理行政、军事和司法。三司的地位是平等的，虽然共商一省政务，但互不统属，直接受中央领导，对皇帝负责。这样不仅分散了省级长官的职权，而且使三司互相制约，利于朝廷的统治。

经改革后，明代的地方行政机构分为省、府（州）、县三级。全国除北直隶、南直隶外，共设有 13 个布政使司：山东、山西、河南、陕西、四川、江西、湖广、浙江、福建、广东、广西、云南、贵州。各省三司及其主要官员如下：布政使司，掌一省的民政和财政，设左右布政使各一人，其下有参政、参议等官；都指挥使司，掌一方之军政，设指挥使一人，都指挥同知二人，都指挥佥事四人等；提刑按察使司，掌一省之司法、监察，设按察使司一人，其下有副使、佥事等官。省以下为府，按纳粮多少分为上、中、下三等。全国共有159个府。府设知府一人，还设有同知、通判等官员。明代共有234个州。其中直隶州与府地位相同，一般州与县地位相同。府（州）以下为县，县亦按纳粮多少分为三等。全国共1171个县。县设知县一人，以掌全县政务，其下还有县丞、主簿、典吏等官员。

在各行省的权力进一步集中于中央以后，明太祖为加强皇权、实行独裁统治，对中央国家机关也实行了重大改革，如废除中书省制度。中国自秦汉设立丞相以来，君权、相权不断斗争。明初沿元制，设中书省，置左右丞相。丞相不仅参与国家政务的决策，而且有权发号施令，直接指挥六部政务，成为皇帝以下的第一重臣，所谓“一人之下，万人之上”。相权是对皇权的最大威胁，例如，左丞相胡惟庸“总中书政，专生杀黜陟，以恣威福。内外诸司封事入奏，惟庸先取视之。有病己者，辄匿不闻。由是奔竞之徒，趋其门下”[1]。于是明太祖在洪武十三年借口胡惟庸谋反，前后诛杀胡党及功臣三万多人，乘机废除了中书省制度，罢丞相官职，并谕令“以后嗣君，其毋得议置丞相。臣下有奏请设立者，论以极刑”[2]。这样，在中国历史上实行了一千多年的丞相制度和七百多年的三省制度宣告结束。

中书省废除以后，相权由皇帝独揽。遂将原中书省所辖六部的地位提高，使之成为最高一级的中央行政机关。六部之中，吏部管理官吏选授、封勋、考课之事，户部管理全国户口、田赋、财政，礼部管理科举、礼仪、祭祀，兵部管理武卫官军选授、简练事宜，刑部管理刑狱、司法，工部管理营造、水利，各侧重于一方，形成“权不专于一司”的局面。各部尚书直接对皇帝负责，执行皇帝的命令。这种行政体制，保证了皇帝的独裁。明太祖朱

1　谷应泰：《明史纪事本末》卷三一。

2　《明史·职官志》。

元璋说："自古三公论道，六卿分职，并不曾设立丞相。自秦始置丞相，不旋踵而亡。汉、唐、宋因之，虽有贤相，然其间所用者，多有小人专权乱政。今我朝罢丞相，设五府、六部、都察院、通政司、大理寺等衙门，分理天下庶务，彼此颉颃不敢相压，事皆朝廷总之，所以稳当。以后子孙做皇帝时并不许立丞相。臣下敢有奏请设立者，文武群臣劾奏，将犯人凌迟，全家处死。"[1]

然而皇帝一人日理万机，"安能事事尽善"[2]。朱元璋这个有为的开国君王也深深感到，"人主以一身统御天下，不可无辅臣"[3]。为了协助皇帝处理日常政务，曾置四辅官，"以翰林、春坊详看诸司奏启，兼司平驳"[4]。又仿宋制，设殿阁大学士，执掌草拟诏谕，并备皇帝顾问，但"不得平章国事"[5]。至成祖时，命翰林院编修、检讨等官入直文渊阁，并参与机务，自此始有内阁。《明史·职官志》载："以其授餐大内，常侍天子殿阁之下，避宰相之名，又名内阁。"

内阁设有中极殿大学士、建极殿大学士、文华殿大学士、武英殿大学士、文渊阁大学士、东阁大学士，"掌献替可否，奉陈规诲，点检题奏，票拟批答"[6]，但自明仁宗以后，内阁权位较高。宣德时，大学士杨荣、杨士奇、杨溥等兼领尚书，阁权渐趋显重。"至世宗中叶，夏言、严嵩迭用事，遂赫然为真宰相，压制六卿矣。"[7]明朝的中央行政机关除内阁和六部之外，还设有大理寺以"掌审谳平反刑狱之政令"，翰林院"掌制诰、史册、文翰之事，

1 正德《明会典》卷二。
2 雷礼等辑：《皇明大政记》卷三，《四库全书存目丛书》史部第8册，齐鲁书社，1997年。
3 《明太祖实录》卷一三三。
4 《明史·职官志一》。
5 《明经世文编》卷二九三。
6 《明史·职官志一》。
7 《明史·职官志一》。

以考议制度，详正文书，备天子顾问”，詹事府“掌统府、坊、局之政事，以辅导天子”，国子监“掌国学诸生训导之政令”，钦天监“掌察天文、定历数、占候、推步之事”，太仆寺“掌牧马之政令”，太医院“掌医疗之法”，太常、光禄、鸿胪三寺分管祭祀、礼乐、祭享筵宴、朝会礼仪等事。[1]

明廷为加强对军队的控制，把全国的军队编为卫所军和京卫军，由中央的五军都督府统辖，直接对皇帝负责。前、后、中、左、右五军都督府，每府设左右都督、都督同知等官，分统在京卫所及在都司卫所。五军都督府只管军队的组织管理和训练。军队将帅的任免及军队的调遣权都归兵部。战时，统兵将官由皇帝直接任命。战事结束，将领缴印回任，官兵各归卫所。所谓“兵部有出兵之令，而无统兵之权。五军有统兵之权，而无出兵之令……合之则呼吸相通，分之则犬牙相制”[2]。由于将不专军，军不私将，所以不容易发生兵变。同时领兵权与发兵权的分离，便于皇帝控制军队。

为了加强君主专制，明朝还进一步强化了监察机关。明初仿宋制，中央设御史台。洪武十五年扩大监察机构，改御史台为都察院，设左右都御史、左右副都御史、左右佥都御史等官，“以专纠劾百司，辨明冤枉，提督各区，为天子耳目，风纪之司”[3]。在京城，设六科给事中专门监督六部。在地方，设十三道监察御史 110 人，“主察纠内外百司之官邪”[4]。还设立了巡按御史，以代表皇帝巡按地方，纠劾百官。另外，明朝还特设了锦衣卫、东厂、西厂等特务机构，充当皇帝的爪牙，专门察奸缉私，风闻密奏。

明朝所采取的这些措施，大大发展了中央集权君主专制制度。

1　以上见《明史·职官志》。

2　孙承泽：《春明梦余录·兵部》，江苏古籍刻印社，1990 年。

3　《明史·职官志二》。

4　《明史·职官志二》。

第二章　明代皇帝的视朝与听政

第一节　皇帝治国理政的场所

一　明初南京宫廷建筑的肇建与特点

中国历代王朝，首先择天下之中而立都，然后择都城之中而建宫殿。明朝亦是如此。

明朝开国皇帝朱元璋在吴王时期就考虑建都问题。元至正十五年，朱元璋在初渡江克天平时，当涂学者陶安出迎。“太祖问曰：‘吾欲取金陵，何如？’安曰：‘金陵，古帝王都，取而有之，抚形胜而临四方，何向不克？’太祖曰：‘善。’”[1]朱元璋初定淮甸，问天下大计于冯国用，国用对曰：“金陵龙蟠虎踞，真帝王之都。愿先渡江，取金陵，置都于此。然后命将出师，扫除群寇，倡仁义以收人心，天下不难定也。”上曰：“吾意正如此。”[2]朱元璋听了诸谋士的意见后，于至正二十六年至次年九月，扩大应天旧城，肇建新宫，这便是吴王时代的都城。

洪武元年正月，朱元璋以南京为都城，登极称帝，国号大明，年号洪武。但他称帝后还想在中原汴梁（开封）建都，以便于控

1 《明史》卷一三六《陶安传》。

2 《春明梦余录》卷一。

制北部边防，所以在洪武元年取下汴梁后，又亲自去汴梁考察。在考察中，看到那里“民生凋敝，水路转运艰辛”，于是放弃了在汴梁建都的念头。但当时西北未定，汴梁可以作为一个军事上的补给地，于是仿照古代两京之制，“诏以应天为南京，开封为北京”。龙文彬《明会要》卷七一载：“洪武元年初，帝幸汴梁，将营都而未果。既克元都，遂下诏曰：‘其以应天为南京，汴梁开封为北京。’”

洪武二年九月，朱元璋又决定以临濠为中都。他曾召集诸老臣研究建都问题，有的说“关中险固”；有的说“洛阳天下中”，“汴梁为宋旧京”；还有的说“北平故元宫室，就之可省民力”。朱元璋听了以后说：“所言皆善，惟时有不同耳！长安、洛阳、汴梁，实周、秦、汉、魏、唐、宋故都。但平定之初，民未苏息。若建都于彼，供给力役，悉资江南，重劳其民。若就北平，宫室亦不无更作。建业，长江天堑，龙蟠虎踞，足以建国。临濠，前江后淮，有水可恃，有水可漕，朕欲建为中都，何如？”诸臣皆称善。[1] 于是乃命有司建置中都城池宫阙，如京师之制。

洪武三年十二月，中都营建告成。其城垣规制——“洪武初，营建于旧城西二十里，周围三十里。城门九：南曰洪武，南之左曰南左甲第，右曰前右甲第；北之东曰北左甲第，西曰后右甲第；正东曰独山，东之左曰长春，右曰朝阳；西曰涂。而宫殿之制，略如南京云。”[2]

洪武四年三月二十三日，刘基乞归乡里。且行，对太祖说：“凤阳虽帝乡，非天子所居也。虽已置中都，不宜居。”结果洪武八年，朱元璋以“劳资太重”，停建中都之役。[3]

---

1 《明会要》卷七一。

2 《明书》卷八四。

3 《凤阳新书》卷七。

洪武十一年，朱元璋下令停止称开封为北京，改南京为京师。南京第一次正式成为统一的全国的首都。

京师虽已确定，但朱元璋仍有迁都的想法。

其一，为了防御蒙古，控制北边，想迁都西北。洪武二十四年，朱元璋听了都御史胡子祺关于迁都的建言，“举天下莫若关中也”，于是特派皇太子朱标巡视西北。太子遵旨前往西北，调查关中、洛阳的情况，认为洛阳地理位置适中，是全国的心脏，于此建都可控制全国。回朝后向皇上奏陈自己的意见，并献上洛阳的地图。但事隔不久，皇太子朱标于洪武二十五年病亡，此事遂罢。

其二，朱元璋笃信风水学说，虽然认为南京“龙蟠虎踞”，风水很好，但不满南京旧城中六朝短命之气。在建设南京宫殿的过程中，曾命刘基带领一支风水队伍，反复勘察南京的风水。[1]刘基，字伯温，为朱元璋开创明朝的主要谋士之一。他不仅是一位政治家，还是一位风水大师，著有《刘基堪舆漫典》。《明史·刘基传》中说：“帝尝手书问天象。基条答甚悉，而焚其草。”“基佐定天下，料事如神。”[2]刘基等一批风水大师勘察后，发现六朝故都建立在玄武湖以南，没落在龙脉上。认为“六朝国祚不永”，主要是旧城风水不佳。经勘察，钟山才是金陵风水的主山，并认为朱元璋的万年吉地亦应在钟山。于是建议放弃从聚宝山到玄武湖的六朝旧城的中轴线，另筑新宫城于旧城东部，背倚钟山的“龙头”富贵山，使中轴线对准富贵山的山脊，即背靠钟山之趾，以引钟山的灵气入宫。这个意见得到朱元璋的肯定，于是调集数十万民工填平燕尾湖，在其上建立宫殿。但25年后，新宫地基下沉，显现南面高、北面低的现象。[3]洪武二十五年四月，皇太子朱

1 《明太祖实录》卷一六。

2 《明史》卷一二八。

3 《白下琐言》卷四。

标死后，朱元璋很伤心。他把皇太子之死归咎于新宫风水不好。地势南面高、北面低，宫中积涝不易排出，按堪舆家的说法是不合建造法则的，是犯忌讳的。对此，笃信风水学说的朱元璋也自以为愧。《涌幢小品》卷四说："太祖集诸地师数万人，卜筑大内，填燕尾湖为之。虽决于刘基，实上内断，基不敢尽言也。二十五年后知其误，乃为文祭光禄寺灶神云，朕经营天下数十年，事事按古有序。唯宫城前昂中洼，形势不称。本欲迁都，今朕年老，精力已倦。又天下新定，不欲劳民。且废兴有数，只得听天。惟愿鉴朕此心，福其子孙云云。此真大圣人心肠！故文皇北都，享国长久。"

南京都城的建设，从洪武二年九月始，至洪武二十三年六月完成：

> 内为宫城，亦曰紫禁城，门六：正南曰午门，左曰左掖，右曰右掖，东曰东安，西曰西安，北曰北安。宫城之外门六：正南曰洪武，东曰长安左，西曰长安右，东之北曰东华，西之北曰西华，北曰玄武。皇城之外曰京城，周九十六里，门十三：南曰正阳，南之西曰通济，又西曰聚宝，西南曰三山，曰石城，北曰太平，北之西曰神策，曰金川，曰钟阜，东曰朝阳，西曰清凉，西之北曰定淮，曰仪凤。后塞钟阜、仪凤二门，存十一门。其外郭，洪武二十三年四月建，周一百八十里，门十有六：东曰姚坊、仙鹤、麒麟、沧波、高桥、双桥，南曰上方、夹冈、凤台、大驯象、大安德、小安德，西曰江东，北曰佛宁、上元、观音。[1]

1　《明史》卷四〇。

（一）明初南京宫廷建筑的肇建与特点

元末之后，人口流失，田土荒芜，水利失修，社会经济遭到严重的破坏。洪武元年，朱元璋对官员说：“天下初定，百姓财力俱困，辟犹初飞之鸟，不可拔其羽；新植之木，不可摇其根，要在安养生息之。”[1]因此，明初，朝廷采取一系列的发展生产、与民休息的政策，如奖励垦荒，推行屯田，兴修水利，减轻赋役，解放奴隶，实行匠户制度等，使社会经济得到逐步的恢复与发展。在这样的社会经济背景下，明初宫廷建筑的营造，是有一个过程的，即区分缓急，分为两段进行。

第一阶段：元至正十六年至吴元年。肇建吴王新宫及圜丘、方丘并宗庙、社稷。

朱元璋在元末农民大起义中，于至正十二年参加了红巾军郭子兴部。他以智勇过人，得为郭子兴心腹，并娶其养女马氏为妻，后继郭子兴而成为义军的首领。至正十五年，农民起义军领袖刘福通拥立韩山童之子韩林儿在亳州称帝，号小明王，国号宋。韩林儿任朱元璋为右副元帅。至正十六年三月，朱元璋率军攻占集庆（今南京），改集庆路为应天府。七月，朱元璋称吴国公。至正二十四年，朱元璋自立为吴王，建置百官。至正二十六年底，他又遣使迎小明王于滁州，中路沉之于江，农民起义军政权宋亡。于是朱元璋改明年为吴元年，称吴国公。朱元璋称吴国公后，必须有治军理政之所，所以在元至正十六年七月，以元御史台为吴国公府，后为吴王府，史称“旧内”。《明太祖实录》卷四载：“丙申秋七月己卯，诸将奉上为吴国公，以元御史台为公府。”

元至正二十六年八月十一日，朱元璋命拓建康城作新宫：“丙午八月庚戌朔，拓建康城。初，建康旧城西北控大江，东尽白下门外，距钟山既阔远，而旧内在城中，因元南台为宫，稍庳隘。

1 《明太祖实录》卷二五。

上乃命刘基等卜地，定作新宫于钟山之阳，在旧城东白下门之外二里许，故增筑新城。东北尽钟山之趾，延亘周回凡五十余里，规制雄壮，尽据山川之胜焉。”[1]

朱元璋为什么命刘基卜地定作新宫呢？一是“旧内”在南京城中，因元南台为宫，“稍庳隘”，即规模太小，且老城区人口密集，拆迁不易；二是六朝的故都有“六朝国祚不永”的忌讳，即旧内宫城的风水不好。所以，命刘基等一批风水大师，重新堪舆，作新宫。经过刘基等反复勘察奏定，建新城于旧城之东、钟山之阳，国祚绵长，唯山川气运是从。[2]

元至正二十六年十二月十二日，“是时群臣皆上言，一代之兴必有一代之制作。今新宫既建，宫阙制度亦宜早定。上以国之所重，莫先庙社，遂定议以明年为吴元年，命有司营建庙社，立宫室”[3]。

从至正二十六年到吴元年，新宫经过勘察选址、设计、营造，于吴元年九月三十日建成。新宫奠定了明代宫殿的基础模式，形成三朝二宫制度：

> 正殿曰奉天殿，前为奉天门。殿之后曰华盖殿，华盖殿之后曰谨身殿，皆翼以廊庑。奉天殿左右各建楼：左曰文楼，右曰武楼。谨身殿之后为宫：前曰乾清宫，后曰坤宁宫，六宫以次序列焉，周以皇城。城之门，南曰午门，东曰东华，西曰西华，北曰玄武，制皆朴素，不为雕饰。上命博士熊鼎编类古人行事可为鉴戒者，书于壁间。又命侍臣书《大学衍义》于两庑壁间。[4]

1 《明太祖实录》卷一六。
2 《明太祖实录》卷二一。
3 《明太祖实录》卷二一。
4 《明太祖实录》卷二〇。万历《大明会典》卷一八一。

为举行新朝皇帝登极大礼，于吴元年八月初九日建圜丘于钟山之阳，位于南京正阳门外。仿汉制，坛二层，有壝、有垣、有门，以冬至祭昊天上帝。建方丘于钟山之阴，位于南京太平门外，坛二层，以夏至祀后土皇祇。[1]建社稷于宫殿之西南，皆北向，社东稷西。[2]吴元年九月初一日立宗庙，建四亲庙于阙左，四祖各为一庙。[3]这样，朱元璋便于洪武元年正月初四日，祭天地于南郊，即皇帝位，定有天下之号曰明，建元洪武，追尊四祖，立马氏为后，长子朱标为皇太子。初五日，颁即位诏于天下，大明王朝正式建立。

洪武元年正月初五日，诏告天下曰：

> 朕惟中国之君，自宋运既终，天命真人起于沙漠，入中国为天下主。传及子孙，百有余年，今运亦终。海内土疆，豪杰分争。朕本淮右庶民，荷天上眷顾，祖宗之灵，遂乘逐鹿之秋，致英贤于左右。凡两淮两浙、江东江西、湖湘汉沔、闽广山东，及西南诸部蛮夷，各处寇攘，屡命大将军与诸将校奋扬威武，已皆戡定，民安田里。
>
> 今文武大臣，百司众庶，合辞劝进，尊朕为皇帝，以主黔黎。勉徇舆情，于吴二年正月四日告祭天地于钟山之阳，即皇帝位于南郊，定有天下之号曰大明，以是年为洪武元年，追尊四代考妣为皇帝皇后。建大社、大稷于京师。立妃马氏为皇后，长子标为皇太子。布告天下，咸使闻知。[4]

1 《殿阁词林记》卷二二。

2 《明太祖实录》卷二四。

3 《明太祖实录》卷二五。《明书》卷八一。

4 《明太祖实录》卷二五。

正月初七日，朱元璋自旧内迁新宫。

第二阶段，洪武元年至建文四年。南京宫廷建筑扩大、完善阶段。

1.紫禁城宫殿建筑

洪武元年十二月初三日，置登闻鼓于午门外，日令监察御史一人监之。凡民间词讼，皆自下而上，或府州县省官及按察司不为伸理及有冤抑重事不能自达者，许击登闻鼓。监察御史随即引奏，敢阻告者死。[1]

洪武八年四月，朱元璋以“劳资太重”罢中都之役后，于该年九月初四日，诏令改建大内宫殿。至洪武十年十月，历时两年完成。《明太祖实录》卷一一五载：

> 是月，改作大内宫殿成。阙门曰午门，翼以两观，中三门，东西为左、右掖门。午门内曰奉天门，门之左、右为东、西角门。内正殿曰奉天殿，上御之以受朝贺。殿之左、右有门：左曰中左门，右曰中右门。两庑之间，左曰文楼，右曰武楼。奉天殿之后曰华盖殿，华盖殿之后曰谨身殿，殿后则后宫之正门也。奉天门外，两庑之间有门：左曰左顺门，右曰右顺门。左顺门之外为东华门，内有殿曰文华殿，东宫视事之所也。右顺门之外为西华门，内有殿曰武英殿，上斋戒时所居也。制度皆如旧，而稍加增益，规模益闳壮矣。

洪武八年七月二十六日，定皇宫五祀之礼：

> 甲申，礼部奏五祀之礼。考之周、汉、唐、宋，其制不一。今拟以孟春祀司户之神，设坛于皇宫正门左，司门主之。

1 《明太祖实录》卷三七。

孟夏祭司灶之神，设坛于御厨，光禄寺官主之。季夏祀中溜之神，设坛于乾清宫丹墀，内官主之。孟秋祀司门之神，设坛于午门之左，司门主之。孟冬祀司井之神，设坛于井前，光禄寺官主之。四孟月之祭，则于有事太庙之日。季夏之祭，则于土旺之日。牲用少牢。制可。自是五祀之礼，岁率以为常。[1]

洪武二十五年太祖诏令，再次扩建大内。先是改建金水桥。《明太祖实录》卷二二二载："洪武二十五年十一月十日，戊子，改建大内金水桥成。"其次，同年建端门、承天门、长安左门、长安右门。《明太祖实录》卷二二三载："是岁，建端门、承天门楼各五间。复于承天门外建长安东、西二门。"《涌幢小品》卷四载："至二十五年，改建大内金水桥，又建端门、承天门楼各五间，及长安东、西二门，而西宫则上燕居之所也。"至此，经过25年的时间，完成了南京紫禁城宫殿建筑的整体营造。

建文元年十二月，建文帝即位，命建省躬殿于乾清、坤宁二宫之间，以为退朝燕息之所，置古经、圣训其中。以尚父所存丹书之旨，夏书所歌声色宫室之戒，命方孝孺为铭。[2]

建文二年八月初一日，承天门灾，诏求直言。从方孝孺议，改谨身殿为正心殿，午门为端门，端门为应门，承天门为皋门，前门为路门。[3]

建文四年六月初三日，靖难兵渡江。六月十三日，建文帝阖宫自焚。"建文君欲出迎，左右悉散，惟内侍数人而已。乃叹曰：'我何面目相见耶！'遂阖宫自焚。"[4]

1 《明太祖实录》卷一〇〇。

2 《明书》卷八四。

3 《姜氏秘史》。

4 《明太宗实录》卷九下。

建文四年六月十三日，“乙丑，燕庶人至金川门下……上恨徐增寿，手剑诛于左顺门，并欲诛李景隆，不果。徘徊无所出，乃火其宫，马皇后燔死”[1]。是日，“宫内大火，帝后暴崩。或云帝剃发出亡。燕王清宫三日，宫人指所焚尸以应，遽出尸煨烬中。王俯而哭之曰：‘稚无知，至此乎。’用学士王景彰议发丧，依天子礼葬之”[2]。

2.祭祀天地诸神等自然神灵的建筑

洪武元年，定郊祀之制。中书省臣李善长等奉敕撰进《郊祀议》，略言：

> 王者事天明，事地察，故冬至报天，夏至报地，所以顺阴阳之义也。祭天于南郊之圜丘，祭地于北郊之方泽，所以顺阴阳之位也。……今当遵古制，分祭天地于南北郊。冬至则祀昊天上帝于圜丘，以大明、夜明、星辰、太岁从祀。夏至则祀皇地祇于方丘，以五岳、五镇、四海、四渎从祀。太祖如其议行之。[3]

洪武七年，增设天下神祇坛于南北郊。洪武十年秋，太祖谓分祭天地，情有未安，命作大祀殿于南郊。十二年正月，始合祀于大祀殿。[4]

改建社稷坛。太社、太稷，明初异坛同壝，建于皇城西南。洪武元年，朱元璋依翰林学士陶安的建议，若祭而遇风雨，则请于斋宫望祭。洪武三年于坛北建祭殿五间，又北建拜殿五间，以备风雨祭祀。洪武十年改建于午门外之右，社稷共为一坛，实行

1　《国榷》卷一二。
2　《罪惟录·纪》卷二。
3　《明史》卷四八。
4　《明史》卷四八。

合祭。坛上层上方五丈，二层方五丈三尺，高五尺，四出陛，用五色土随方筑之。[1]

洪武三年正月，定朝日夕月礼：

> 元年定郊祀礼，以日、月从，至是议专祀。乃建朝日坛于城东门外，高八尺；夕月坛于城西门外，高六尺，俱方广四丈，两壝。……朝日以春分日，夕月以秋分日，星辰则祔祭于月坛。[2]

洪武三年二月初五日，定合祀太岁、四季月将、风云雷雨、岳镇海渎、山川、城隍、旗纛诸神：

> 上初以太岁、风云雷雨皆天神，以岳镇海渎、天下山川、城隍皆地祇，各为坛，专祀于国城之南。然祭之时日与其品物各不同。至是复以风云雷雨、岳镇海渎皆阴阳一气，流行无间者，遂合二坛而一之。[3]

洪武三年五月十七日，“建斋宫于圜丘之西、方丘之东。前后皆为殿，殿左右为小殿，为庖湢之所”[4]。

洪武九年正月，改建太岁诸神坛壝殿：

> 国初，山川坛建于正阳门外，合祭太岁、风云雷雨、山川诸神。至是始定太岁、风云雷雨、岳镇海渎、钟山、京畿山川、四季月将、京都城隍，凡十三坛。……西南建先农坛，

1 见《余冬序录摘抄》三。《明史》卷四七、卷四九。

2 《钦定续文献通考》卷七一。

3 《明太祖实录》卷四九。

4 《明太祖实录》卷五二。

东南建具服殿六楹。殿南为耤田。坛东建旗纛庙六楹。[1]

3.尊祖孝亲、旌表英烈方面的建筑

改建太庙。明初，建太庙于皇城东北。洪武八年七月，明太祖朱元璋命改作太庙。他说："祖宗神室，旧建皇城东北，愚昧无知。始建之时，未尝省察，是致地势少偏。兹度地阙左，以今日集材兴工，特告神知。其庙制按唐、宋为正殿，同堂异室。殿东、西为两庑。殿之后为寝殿。前殿之前为正门，左右为角门。正门之前为灵星门。"[2]洪武九年十月，改作太庙完成。完全依太祖之命而作，前为正殿，后为寝殿，俱翼以两庑。寝殿九间，以一间为一室，中室奉德祖，东一室奉懿祖，西一室奉熙祖，东二室奉仁祖，皆南向。又亲王配享于东壁，功臣配享于西壁。孟春择上旬吉日，孟夏、孟秋、孟冬用朔日，岁暮用除日，俱行合祀之礼。[3]

洪武二年正月初十日，命立功臣庙于鸡笼山。明太祖朱元璋敕中书省臣曰：

元末政乱，祸及生灵。朕倡义临濠，以全乡曲。继率英贤渡大江，遂西取武昌，东定姑苏，北下中原，南平闽广，越十六载，始克混一。每念诸将相从，捐躯戮力，开拓疆宇，有共事而不睹其成，建功而未食其报，追思功劳，痛切朕怀。人孰无死？死而不朽，乃为可贵。若诸将者，生建忠勇之节，死有无穷之荣，身虽殁而名永不磨矣。其命有司立功臣庙于鸡笼山，序其封爵，为像以祀之。[4]

1　《续通考》卷七二。
2　《明太祖实录》卷一〇〇。
3　《明会要》卷八一。
4　《明太祖宝训》卷四。

另，《明会要》卷一〇载：

> 帝亲定功臣位次，以徐达为首，次常遇春、李文忠、邓愈、汤和、沐英、胡大海、冯国用、赵德胜、耿再成、华高、丁德兴、俞通海、张德胜、吴良、吴祯、曹良臣、康茂才、吴复、茅成、孙兴祖，凡二十一人，立庙鸡鸣山下。死者像祀，生者虚其位。[1]

洪武三年十二月初九日，命建奉先殿。明太祖谓礼部尚书陶凯曰："事死如事生。朕祖考陟遐已久，不能致其生事之诚，然于追远之道，岂敢怠忽？"复感叹曰："养亲之乐，不足于生前。思亲之苦，徒切于身后。今岁时祭享，则于太庙。至于晨昏谒见，节序告奠，古必有其所。尔考论以闻。"于是，陶凯奏称："今太庙祭祀已有定制。请于乾清宫左别建奉先殿，以奉神御。每日焚香，朔望荐新，节序及生辰皆于此祭祀，用常馔，行家人礼。"上从之。[2]

洪武四年二月十五日，奉天殿成。殿建于宫门内之东，南向，正间五间，前为轩五间。令礼部制四代帝后神位、衣冠，并定诸祭仪物及常用祝文。[3]

洪武九年六月，重建奉先殿成。"初，上以奉先殿弗称，命更造之。至是始成，奉安四庙主，以牲醴祭告。"[4]

筑凤阳皇陵城、南京孝陵。洪武二十六年四月十六日，朱元璋从建康往濠州省仁祖淳皇帝、淳皇后陵基。时有言改葬，恐泄

---

1 《明会要》卷一〇。

2 《明太祖实录》卷五九。

3 《明太祖实录》卷六一。《国朝典汇》卷一一五。

4 《明太祖实录》卷一〇六。

山川灵气，乃不复启葬，但增土以培其封。遂令招致邻党二十家以守陵。[1]

洪武二年二月诏立皇陵碑，并改仁祖陵为英陵。寻又改称皇陵。[2]

是年五月，诏封皇外祖考为杨王，妣为杨王夫人，并建庙于太庙之东，以时奉祀。[3]

洪武八年十月，筑凤阳皇陵城。洪武十一年四月，明太祖朱元璋亲撰皇陵碑文，并诏曰："皇堂新造，予时秉鉴窥形，但见苍颜皓首。忽思往日之艰辛，窃恐前此碑记出自儒臣粉饰之文，不足以为后世子孙戒。特述艰难，以明昌运。乃自制碑文，命江阴侯吴良督工刻之。"[4]

洪武三十一年闰五月十日，朱元璋死于西宫，寿71岁，谥曰高皇帝，庙号太祖。是月十六日，葬孝陵。淑妃李氏殉葬。孝陵在南京钟山之阳，设神宫监、孝陵卫及祠祭署奉祀。[5]宝城建有明楼、御桥、孝陵殿、廊、台、墀道、戟门、文武方门、大殿门、左右方门、御河桥、棂星门、华表，多同大内制。沿山周围缭垣四十五里。正门、西红门、后红门、东西黑门、神宫监、孝陵卫环之。[6]

建历代帝王庙，修历代帝王陵墓。洪武元年，令以太牢祀三皇。洪武六年，议定三皇、五帝、三王及汉、唐、宋创业之君，俱于京师立庙，每岁春秋致祭。遂建帝王庙于京师鸡鸣山之阳。洪武二十一年，定历代名臣从祀帝王。[7]

1 《明太祖实录》卷二〇。
2 《明太祖实录》卷三九。
3 《昭代典则》卷六。
4 《明会要》卷一七。
5 万历《大明会典》卷九〇。
6 《古今图书集成·坤舆典》卷一三〇。
7 《明会典》卷八四。

洪武三年十一月十五日，遣使致祭，修葺历代帝王陵庙：

初，上遣使访求古帝王陵寝。河南、陕西各行省具图所在帝王诸陵，凡七十有九以进。礼官考其功德昭著者，曰伏羲、神农、黄帝、少昊、颛顼、唐尧、虞舜、夏禹，商汤、中宗、高宗，周文王、武王、成王、康王，汉高祖、文帝、景帝、武帝、宣帝、光武、明帝、章帝，后魏文帝，隋高祖，唐高祖、太宗、宪宗、宣宗，周世宗，宋太祖、太宗、真宗、仁宗、孝宗、理宗，凡三十有六。各制衮冕服函香帛，遣秘书监丞陶谊等往修祀事。每陵以白金二十五两，俾具祭物。陵寝之发者掩瘗之，坏者完筑之。庙之敝者，因其旧而葺之。无庙者设坛以祭。仍令有司禁樵采，岁时祭祀，以为常。[1]

4.官署、王府及堂阁楼库建筑

官署建筑。明初，对原沿用元朝的国家机关进行了改革。一是洪武九年，废除职权太重的行中书省制，改设专掌民政的承宣布政司，专掌刑名的提刑按察使司和专掌军政的都指挥使司，彼此不相统属，直接对皇帝负责。二是洪武十三年，胡惟庸案件发生后，朱元璋废除中书省，仿周官六卿之制，设吏、户、礼、兵、刑、工六部，分理各项庶政，并提高六部的地位，直接对皇帝负责。这样，在中国历史上延续两千年的宰相制被废除。三是洪武十五年，改御史台为都察院，设左右都御史等官，以“专纠劾百官，辩明冤枉，提督各道，为天子耳目风纪之司”[2]。在地方设十二道监察御史 110 人，主察纠内外百官。[3]

1 《明太祖实录》卷五九。
2 《明史·职官志二》。
3 参考《明史·职官志二》。

统军机关，改枢密院为大都督府。洪武十三年，分大都督府为中、左、右、前、后五军都督府。每府设左右都督等官，各领所属都司卫所。五军都督府只管军队的组织和训练，军队将帅的任免和调遣则归兵部。战时，统兵将帅由皇帝任免。战后，将领缴印而回任，官兵各归卫所。

这样，行政、军事、监察三权分别独立，由皇帝亲身总其成。明代皇帝的独裁专制制度，达到中国历史上的顶峰。

洪武十七年正月，改建刑部、都察院、大理寺公署于太平门外。太平门在京城之北，以刑主阴肃，故建于此。[1]

洪武二十五年八月二十四日，改建宗人府、五府、六部、太常司官署：

> 上谕廷臣曰：南方为离明之位，人君南面以听天下之治，故殿廷皆南向。人臣则左文右武，北面而朝，礼也。五府、六部官署，宜东西并列。其建六部于广敬门之东，皆西向；建立五府于广敬门之西，皆东向。惟刑部掌邦刑，已置于西北太平门之外，于是以宗人府，吏、户、礼、兵、工五部列于广敬门之东；中、左、右、前、后五府太常司列于广敬门之西，悉改造，令规摹宏壮。命主事高有常董其役。[2]

洪武二十五年十月初一日，改建钦天监于五府之后。[3]洪武二十六年十月，改建翰林院于皇城东南、宗人府之后。詹事府居其次，太医院又次之。[4]

1 《昭代典则》卷九。
2 《明太祖实录》卷二二〇。
3 《明太祖实录》卷二二二。
4 《明太祖实录》卷二三〇。

洪武二十七年，改建通政司及锦衣旗手二卫于中军都督府之后，建仪礼司于长安街之东，建行人司于西华门外。[1]

洪武二十六年三月二十五日，《诸司职掌》成：

先是，上以诸司职有崇卑，政有大小，无方册以著成法，恐后之莅官者罔知职任政事施设之详，乃命吏部同翰林院儒臣仿唐六典之制，自五府、六部、都察院以下诸司，凡有设官分职之务，类编为书，至是始成，名曰《诸司职掌》。诏刊行，颁布中外。[2]

诸王宫室建筑。洪武三年四月初七日，册封诸皇子为王。诏曰：

朕惟帝王之子，居嫡长者必正储位，其诸子当封以王爵，分茅胙土，以藩屏国家。朕今有子十人，即位之初，已立长子标为皇太子。诸子之封，本待报赏功臣之后，然尊卑之分，所宜早定。乃以四月七日，封第二子樉为秦王，第三子㭎为晋王，第四子棣为燕王，第五子橚为吴王，第六子桢为楚王，第七子榑为齐王，第八子梓为潭王，第九子杞为赵王，第十子檀为鲁王，从孙守谦为靖江王，皆授以册宝，设置相傅官属及诸礼仪，已有定制。[3]

洪武三年七月初五日，诏建诸王府。工部尚书张允言：

1 《明太祖实录》卷二三五。
2 《明太祖实录》卷二二六。
3 《明太祖实录》卷五一。

诸王宫城宜各因其国择地。请秦用陕西台治，晋用太原新城，燕用元旧内殿，楚用武昌簪竹寺基，齐用青州益都县治，潭用潭州玄妙观基，靖江用独秀峰前。上可其奏，命以明年次第营之。[1]

亲王府制。明太祖对亲王府制极为重视，他立下祖训：

一，凡诸王宫室，依已定格式起盖，不许犯分。二，凡诸王宫室，并不许有离宫、别殿，及台榭游玩去处。

七年，定亲王所居殿名：前曰承运，中曰圜殿，后曰存心。四城门：南曰端礼，北曰广智，东曰体仁，西曰遵义。太祖曰："使诸王睹名思义，以藩屏帝室。"九年定亲王宫殿、门庑及城门楼，皆覆以青色琉璃瓦。又命中书省臣，惟亲王宫得饰朱红、大青绿，其他居室止饰丹碧。十二年，诸王府告成。其制，中曰承运殿，十一间，后为圜殿，次曰存心殿，各九间。承运殿两庑为左右二殿，自存心、承运，周回两庑，至承运门，为屋百三十八间。殿后为前、中、后三宫，各九间。宫门两厢等室九十九间。王城之外，周垣、四门、堂库等室在其间，凡为宫殿室屋八百间有奇。[2]

建大本堂。洪武元年十月，建大本堂。命魏观侍太子说书及授诸王经。又选国子生国琦、王璞、张杰等十余人，侍太子读书禁中。琦等入对谨身殿。帝谓殿中侍御史郭渊文等曰："诸生于

1　《明太祖实录》卷五四。

2　《明史》卷六八。

文艺习矣。然与太子处，当端其心术，不流浮靡。”[1]

洪武元年十一月初四日，在大本堂宴东宫官及儒士。“先是，上建大本堂，取古今图书充其中，延四方名儒教太子、诸王。分番夜直，选才俊之士充伴读。上时时赐宴赋诗，商榷古今，评论文字，无虚日。”[2]

洪武三年七月初六日，诏于午门外择空地立亭建碑，刻国家政事，可为定式，及凡政令之善者，着以为法。[3]

明初，置天下图籍库：

> 后湖，在江宁府太平门外，一名蒋陵湖，一名秣陵湖。晋元帝肄舟师于此。宋元嘉中有黑龙见，改名元武。孝武帝大阅水军，又名昆明池。明初开浚置库，以贮天下图籍。中有五洲，日麟洲、趾洲、老洲、长洲、新洲，浮若岛屿。然东西二沟流入秦淮，即青溪之上源也。[4]

天下图籍库即后湖黄册库，是专门保管全国赋役档案的档案库。明初的赋役有二，一名黄册，一名鱼鳞图册。“鱼鳞册为经，土田之讼质焉。黄册为纬，赋役之法定焉。”[5]

洪武二十四年八月初十日，置天下诸司架阁库以庋案牍，仍设吏掌之。[6]

洪武二十六年十一月十二日，诏建銮驾库于皇城东长安门外。[7]

1 《明会要》卷一四。
2 《明太祖实录》卷三六上。
3 《明太祖实录》卷五四。
4 《江南名胜图说》。
5 《明史·食货一》。
6 《明太祖实录》卷二一一。
7 《明太祖实录》卷二三〇。

5.儒、释、道等宗教建筑

明初，开国皇帝朱元璋制定了儒、释、道三教并用的宗教政策。在他著的《三教论》中说："三教之立，虽持身荣俭之不同，其所济给之理一，然于斯世之愚人，于斯三教有不可缺者。"他认为儒、释、道三教，对于教化民众，缺一不可。但他首重儒教，说："仲尼之道，祖尧舜，率三王，删诗制典，万世永赖。"[1]

儒家建筑

洪武初期，曾两次下诏修缮阙里孔子庙，并诏天下通祀孔子。洪武十四年四月，诏令改建国子学于鸡鸣山之阳。洪武十五年五月，又诏令作先师孔子庙。至洪武十五年五月，新建太学、孔子庙成，帝亲诣释奠。[2]洪武三十年，朝廷又扩大重建国子监、孔子庙成。"先是，上以旧庙隘，命工部改作之。至是，庙成。"[3]

佛教建筑

洪武十六年九月，建凤阳大龙兴寺成。上自为文记之。佛殿、法堂、僧舍之属，凡三百八十一间。[4]大龙兴寺，即皇觉寺，在凤阳府东南二里许。明太祖微时尝为寺僧。洪武初敕建，改名龙兴寺。[5]

洪武初建西天寺。寺在南京大报恩寺东。洪武初，有僧来自西域，居此。既圆寂，建塔造殿以贮其像。[6]

洪武十三年二月，重建天禧寺。天禧寺旧名长干寺，于元末毁于兵。洪武十三年二月，重建天禧寺，"诏僧守仁住持"[7]。

---

1 《明太祖文集》卷一〇。
2 《南雍志》卷一。《明太祖实录》卷一四四，卷一八〇。
3 《明太祖实录》卷二五五。
4 《明太祖实录》卷一五六。
5 《大清一统志》卷六三。
6 《明一统志》卷六。
7 《明太祖实录》卷一三〇。

洪武二十一年二月二十九日，天界寺灾，遂迁僧录司于天禧寺。同年，帝诏重建天界寺、能仁寺于城南。

洪武二十六年九月二十六日，诏赐天界、天禧、灵谷、能仁、鸡鸣五寺芦柴地四十七顷有奇。[1]

道教建筑

洪武初，建鸡鸣山真武庙，以祀北极佑圣真君（真武神）：

> 太祖高皇帝平定天下，兵戈所向，神阴佑为多。及定鼎金陵，乃于鸡鸣山建庙以崇祀事。[2]

洪武十二年二月十一日，建郊祀坛神乐观：

> 上以道家者流，务为清净，祭祀皆用以执事，宜有以居之。乃命建神乐观于郊祀坛西。[3]

洪武十二年十二月初一日，神乐观成，以乐舞生居之。命道士周玄初领观事。上亲制碑文志其事。[4]

洪武十七年七月建朝天宫，设道录司于内。“其地即冶城。相传为吴王夫差铸剑处。晋建冶城寺，宋为天庆观，苏轼有天庆观诗。明洪武重建，易今名。”[5]凡朝会庆贺行礼，百官前期于此习仪。

洪武二十八年，重建朝天宫成。“先是，建是宫，凡正旦、圣节、冬至，群臣习朝贺礼于其中。上以其制未备，故命重建之。

1 《明太祖实录》卷二二九。

2 《春明梦余录》卷三九。

3 《明太祖实录》卷一二二。

4 《明太祖实录》卷一二八。

5 《江南名胜图说》。

至是成，诏右演法曹希鸣住持。”[1]新建朝天宫规制：“前为大通明殿，又前为三清正殿，叠拱层檐，琉璃闪映，备极雄观。山门径道折而为九，有飞霞阁、景阳阁诸胜。西山道院者，明初建以馆刘真人。云林丛蔚，居然松坛芝府。”[2]

（二）南京宫廷建筑的特点

1.尊崇儒学的天命观与礼制，力求“事事按古有序”

明朝是中国封建君主专制独裁高度发展的时代。皇帝自称“授命于天”，以统治天下，所以又称“天子”。朱元璋这位天子，在建国之初，“曾广诏名儒，博综古典，首制礼乐二局，沿考制度数年”[3]，以便做到“事事按古有序”。

皇城宫殿既是皇帝治国理政的中心，又是帝后生活起居的寝宫，其建筑风格，主要表现为王朝的巩固和皇权的至高无上。中国第一个以平民之身当上皇帝的是刘邦。当汉初长安的未央宫刚刚建成时，有内廷东阙、北阙、前殿、武库、太仓等，宫城周围十四公里。当时刘邦对花费如此巨资营建庞大豪华的未央宫，心有不安，但主持这一工程的萧何却对他说：“天子以四海为家，非壮丽无以重威！”[4]刘邦听了很高兴。朱元璋是中国第二个以平民之身成为皇帝的人，在宫殿建设方面，竭力学习刘邦未央宫的高大壮丽。

朱元璋要求皇城宫殿在建筑布局上，合乎“三朝五门”的古礼。南京宫殿的五门是洪武门、承天门、端门、午门、奉天门，三殿是奉天殿、华盖殿、谨身殿。后宫建筑也按《周礼》后妃六宫、以次序列的形制建立。建文中，曾改谨身殿为正心殿，改午

1　《明太祖实录》卷二四二。

2　《江宁府志》卷三二。

3　《殿阁词林记》卷二二。

4　《史记》卷八《高祖本纪》。

门为端门，改端门为应门，改承天门为皋门，改前门为路门。[1]明成祖朱棣即位后，统统恢复旧名。

2.在继承中有所创新和发展

明初采取“象法天地”的做法，来规划皇宫宫殿建筑。《礼记》说：“礼者，天地之序也。”“故圣人作则必以天地为本，以阴阳为端，以四时为柄，以日星为纪，以月为量。”

南京宫殿的布局，分为外朝与内廷两大部分。

外朝为阳，是皇帝治国理政，举行大典礼的地方，建有奉天殿、华盖殿、谨身殿三大殿。“奉天”，意为皇帝奉天命而统治天下，明人解释为“明人主不敢以一人肆于民上，无非奉天也”。“华盖”，原是星名。古称天皇大帝座上的九星为华盖，象征明主统一天下是应帝星之祥。“谨身”，谨慎修身的意思。三大殿两侧，东有文华殿，西有武英殿。外朝建筑的布局，特别重视庄重、雄伟，空间疏朗壮阔，气势磅礴，体现阳刚之气。

内廷为阴，是帝后起居的寝殿，其建筑与环境讲求紧凑细微，充满皇家生活阴柔之气。内廷建有乾清、坤宁二宫，象征帝后犹如天地。在乾清宫之左右，立有日精门和月华门，象征日月伴于帝后的左右。在东长安门有青龙桥，西长安门外有白虎桥，取自二十八星宿，以象征天津之横贯。李贤等称赞南京宫殿说：“当钟山之阳，以秉王气。殿宇宫阙，规模宏壮，象法天地，经纬阴阳，诚是以表四海之观瞻，垂万年之统绪。”[2]

纵观中国的宫廷建筑，源远流长。历代帝王不惜动用大量的人力、物力和财力，营建起豪华的宫殿，如秦代的阿房宫、汉代的未央宫、唐代的大明宫、宋代的汴梁宫殿，以及元代的大明、隆福、兴至三宫，等等。这些宫廷建筑，虽然大都依照儒家的天

1 《明会要》卷七一。

2 《明一统志》卷六。

命观和礼序思想建立，但因时地不同、背景各异而取舍不一，代有不同，但总的趋势是越来越完善和壮丽。到了明初的南京宫殿，和以此为蓝本的北京紫禁城宫殿，从宫廷建筑的选址、规划设计，到建筑技术及艺术，都达到了历史的最高峰，成为中国历史上布局最严整、规模最宏伟的宫廷建筑群。

南京宫殿建筑在钟山之阳，以富贵山为制高点，开创了明清两代宫殿都遵循的自南而北的中轴线制度。

从《洪武京城图志》可以看出，南京以南端的正阳门为起点，经洪武门至皇城的承天门，有一条宽广的御道。御道两边为文武官员的衙署，文东武西。御道的尽头、承天门前是长安左右门形成的东西横街——长安街广场和外五龙桥。向北延伸，经端门、午门，经过内五龙桥到奉天门，进入宫城。经前朝的奉天、华盖、谨身三大殿和后宫的乾清、坤宁二宫，抵宫城北门玄武门，至皇城北门北安门。出皇城，正对钟山的“龙头”富贵山，而以都城的太平门结束。这种宫城和都城的中轴线合一的模式，突出地表现皇权的至高无上。

3.崇尚节俭，反对雕饰

朱元璋自称“淮右布衣”，出生在元末战乱中的一个贫苦农民家庭，曾经当过和尚，后又因贫困游食于淮西一带。他深知人世的艰难、农民的痛苦，当皇帝后屡屡蠲免农民的钱粮。所以他在兴建宫殿中，屡屡告诫崇尚节俭，反对雕饰。他还规定，“宫殿之外，离宫、别馆不许营造。神孙万代守为家法”[1]。

吴元年九月三十日，南京新内宫殿成。“命博士熊鼎编类古人行事可为鉴戒者，书于壁间。又命侍臣书《大学衍义》于两庑壁间。帝曰：‘前代宫室多施绘画，予用此以备朝夕观览，岂不

1　《余冬序录摘抄》二。

愈于丹青乎？’”[1]

当时有言，瑞州出文石，琢之可以甃地。朱元璋说：“敦崇俭朴，犹恐习奢。好尚华靡，岂不过侈？尔不能以节俭之道事予，乃导予以侈丽，夫岂予心哉？但构为宫室，已觉作之者劳，况远取文石，能不厉民乎？”[2]言者大惭而退。

元至正二十六年十二月，拓建康城作新宫。“典营缮者以宫室图来进。上见其有雕琢奇丽者，即去之。谓中书省臣曰：‘宫室但取其完固而已，何必过为雕斫。昔尧之时，茅茨土阶，采椽不斫，可谓极陋矣！然千古之上称盛德者，必以尧为首。后世竟为奢侈，极宫室苑囿之娱，穷舆马珠玉之玩，欲心一纵，卒不可遏，乱由是起。夫上能崇节俭，则下无奢靡。吾尝谓珠玉非宝，节俭是宝。有所缔构，一以朴素，何必极雕巧以殚天下之力也。’”[3]

洪武元年十二月初三日，上退朝还宫，皇太子、诸王侍。帝指宫中隙地，谓之曰：“此非不可起亭馆台榭，为游观之所，今但令内使种蔬，诚不忍伤民之财，劳民之力耳。昔商纣崇饰宫室，不恤人民，天下怨之，身死国亡。汉文帝欲作露台，而惜百金之费。当时民安国富，夫奢俭不同，治乱悬判。尔等当记吾言，常存儆戒。”[4]

洪武八年九月初四日，诏改大内宫殿：

> 辛酉，诏改大内宫殿。上谓廷臣曰：“唐虞之时，宫室朴素。后世穷极侈丽，习尚华美，去古远矣。朕今所作，但求安固，不事华丽。凡雕饰奇巧，一切不用。惟朴素坚壮，可传永久，使吾后世子孙守以为法。至于台榭苑囿之作，劳民费财，

1 《明会要》卷七一。

2 《明太祖宝训》卷四。

3 《明太祖实录》卷二一。

4 《明太祖实录》卷三七。

以事游观之乐，朕决不为之。其饬所司，如朕之志。”[1]

又，《明太祖实录》卷一一六载：

洪武十年十一月乙亥朔，上以大内宫殿新成，制度不侈，甚喜。因谓侍臣曰：“人主嗜好所系甚重，躬行节俭，足以养性。崇尚侈靡，必至丧德。朕常念昔居淮右，频年饥馑，艰于衣食，鲜能如意。今富有四海，何求不遂？何欲不得？然检制其心，惟恐骄盈，不可复制，夙夜兢惕，弗遑底宁。故凡有兴作，必量度再三，不获已而后为之，未尝过度。宫壸之间，皇后亦能俭以率下，躬服浣濯之衣。皆非故为矫饰，实恐暴殄天物，剥伤民财，不敢不谨。”[2]

洪武十三年五月初四日，雷震谨身殿，诏告天下曰：

朕以菲德，托于万姓之上，奉天勤民，于兹十有三年矣。间有宰辅非才，肆奸乱政。朕思创造之艰难，念生民之不易，按法诛之。恐陷于不义者，于心未安。昧于知人，实朕之过。上天垂戒，朕甚惧焉，可大赦天下。[3]

洪武十九年四月，上谕工部曰：“今所作宫殿，但欲朴素坚固，不事华饰，不筑苑囿，不建台榭。如此经营，费已巨万。乘危负重，工匠甚劳。有不幸而死者，忧悬朕心。”[4]

1 《明太祖实录》卷一〇一。
2 《明太祖实录》卷一一六。
3 《明太祖实录》卷一三一。
4 《国朝典汇》卷一九三 。

纵观明初的宫廷建筑，除宫殿之外，确实没有离宫别馆及台榭游玩之处。

二　北京紫禁城宫殿的营建

朱棣是朱元璋第四个儿子，洪武三年被封为燕王，十三年就藩北平。靖难之役后，于建文四年六月，朱棣在南京奉天殿即皇帝位，并宣布以北平为北京，在北京设行在六部。永乐四年闰七月，下诏营建北京宫殿，开始征集工匠采木、烧砖、备料。自永乐七年后，朱棣多次北巡，长期住在北京，而以太子监国南京。天下章奏，均送往北京行在所阅处。为了迁都北京，他命文武群臣集议建都之宜。群臣经过讨论，上疏曰："北京乃圣上龙兴之地，北枕居庸，西峙太行，东连山海，南俯中原，沃野千里，山川形胜，足以控四夷，制天下，诚帝王万世之都也。宜敕所司营建。"[1]帝从之。

永乐十四年八月，下诏营建北京西宫。"初，上至北京，仍御旧宫。及是，将撤而新之。乃命工部作西宫，为视朝之所。"其制：

> 中为奉天殿，殿之侧为左右二殿。奉天之南为奉天门，左右为东西角门。奉天之南为午门，午门之南为承天门。奉天殿之北有后殿、凉殿、暖殿及仁寿、景福、仁和、万春、永寿、长春等宫，凡为屋千六百三十余楹。[2]

永乐十五年，开始营造北京紫禁城宫殿，以南京宫殿为蓝图，

1　《明会要》卷七一。

2　《明太宗实录》卷一八七。

“而宏敞过之”[1]。

永乐十八年九月，北京紫禁城宫殿告成，并以迁都北京诏告天下。

永乐十九年正月初一日，北京宫殿启用，一片辉煌。永乐帝御奉天殿受朝贺，大宴文武百官及四夷贡使，并下诏大赦天下，“同乐太平之世”。

北京宫殿落成不久，于永乐十九年四月，奉天、华盖、谨身三大殿遭雷火烧毁。次年，乾清宫等亦遭灾。由于各种原因，直到英宗正统六年，重建三大殿和乾清宫、坤宁宫的工程才得以完成。

景泰六年，增建御花园。天顺三年，经营西苑，新作太液池沿岸行殿三处——池西向东对蓬莱山者曰迎翠，池东向西者曰凝和，池西向南者曰太素。

嘉靖时期为明代重建、扩建宫苑的高潮，涉及20余处建筑。

嘉靖元年，修建文华殿，易以黄瓦，为斋居经筵及召见大臣之处。嘉靖四年，营建仁寿宫。嘉靖十四年，重建未央宫并改十二宫名，于是十二宫名东西尽成对称。嘉靖三十六年四月，三大殿及奉天门、文楼、武楼等处又遭灾。次年六月，重建奉天门成。嘉靖四十一年九月，重建三殿竣工，并改奉天殿为皇极殿、华盖殿为中极殿、谨身殿为建极殿。文楼更名曰文昭阁，武楼曰武成阁；奉天门曰皇极门；东角门曰弘政门，西角门曰宣治门；左顺门曰会极门，右顺门曰归极门。

万历十一年，修武英殿、御花园，建堆秀山、御景亭、东西鱼池、浮碧亭、澄瑞亭及清望阁、金香亭、玉翠亭、乐志斋、典流馆。

1　《春明梦余录》。

万历二十四年，乾清、坤宁二宫又遭灾。二十五年重建两宫，二十六年竣工。

万历二十五年六月，三大殿又遭灾。万历四十三年开始重建三大殿，至天启七年竣工。

北京紫禁城宫殿，经永乐时初建奠基，后经历代因灾重建，并不断扩建、完善，逐渐形成了规模宏大、形制完备、功能齐全的北京紫禁城宫殿建筑群。《明史·舆服志》载“北京宫室之制”：

> 凡宫殿、门阙规制，悉如南京，壮丽过之。中朝曰奉天殿，通为屋八千三百五十楹。殿左曰中左门，右曰中右门。丹墀东曰文楼，西曰武楼。南曰奉天门，常朝所御也。左曰东角门，右曰西角门。东抚曰左顺门，西抚曰右顺门。正南曰午门，中三门，翼以两观，观各有楼，左曰左掖门，右曰右掖门。午门左稍南，曰阙左门，曰神厨门，内为太庙。右稍南，曰阙右门、曰社左门，内为太社稷。又正南曰端门，东曰庙街门，即太庙右门也。西曰社街门，即太社稷坛南左门也。又正南曰承天门，又折而东曰长安左门，折而西曰长安右门。东后曰东安门，西后曰西安门，北后曰北安门。正南曰大明门。中为驰道，东西长廊各千步。奉天殿之后曰华盖殿，又后曰谨身殿。谨身殿左曰后左门，右曰后右门。正北曰乾清门，内为乾清宫，是曰正寝。后曰交泰殿。又后曰坤宁宫，为中宫所居。东曰仁寿宫，西曰清宁宫，以奉太后。左顺门之东曰文华殿，左顺门之西曰武英殿。文华殿东南曰东华门，武英殿西南曰西华门。坤宁宫后门曰坤宁门，门之后曰玄武门。其他宫殿，名号繁多，不能尽列，所谓千门万户也。……（嘉靖）三十六年，三殿门楼灾。帝以殿名奉天，非题匾所宜用，敕礼部议之。……明年重建奉天门，更名曰大朝门。四十一年更名奉天殿曰皇极，华盖殿曰中极，谨身

殿曰建极，文楼曰文昭阁，武楼曰武成阁，左顺门曰会极，右顺门曰归极，大朝门曰皇极，东角门曰弘政，西角门曰宣治。

嘉靖初，于西苑建亭建殿。[1]

第二节　明代朝政礼仪及奏事制度

明朝皇帝要处理的朝政可以分为两大类。

一是礼仪性的朝政，如登极大典，即新皇即位继统，是皇朝最隆重的典礼，但是不定期。定期的朝政，如每年的元旦、冬至、万寿三大节朝会，又称大朝。其他如册封皇后、太子、亲王，以及祭祀天地、宗庙、社稷等，虽然皇帝有时参加，有时派大臣代行，但都是礼部等衙门依礼制预先安排好的，届时依礼而行罢了。

二是处理政务的朝政，如常朝，是皇帝处理政务的一种例行朝会制度。《明集礼·朝会》："国朝之制，正旦、冬至、圣寿于奉天殿受朝拜毕，赐宴于谨身殿及东西庑。其蕃使表贡，则以所至之日而设朝。每日见群臣于谨身殿或奉天殿、奉天门，以为常朝焉。"[2]

明代的常朝主要有三种形式——朔望日朝参、早朝、午朝，其他则如御门听政或御殿听政，文武百官的朝觐、辞谢、奏事等。皇帝通过视朝与听政，主要解决的有：军政要务的处理及施政过程中规章制度的修订；文武百官的考核、任免、奖惩等。朝廷曾制定了详细的"朝仪"。现主要介绍一下关于几种常朝的规定。

---

1 《明史》卷六八。

2 《明集礼》。

一　朔望日朝参

朔望日朝参又叫朔望日起居，即每月的初一和十五日，皇帝御殿，百官朝服奏事。朔望日朝参，仪式比较简单。洪武三年定，皇帝穿皮弁服御奉天殿，朝参官员二叩首，鞠躬呼“圣躬万福”。省府台部官员有奏事者奏事，无奏事则皇帝还宫。

二　早朝

早朝，皇帝早晨御华盖殿。洪武以后，多御奉天门（后改皇极门）。皇帝面南就座，文武官员四品以上者侍内殿，五品以下者于鹿顶外北向立。有奏事者出班。洪武二十四年定朝班次序：公侯序立于文武班首，次驸马，次伯，至一品以下各照品级。文东武西，依次序立。东为六部、都察院、十三道御史、通政司、大理寺、太常寺、太卜寺、应天府、翰林院、春坊、光禄寺、钦天监、尚宝司、太医院、五军断事官及京县官，西班为五军都督及首领官、锦衣卫指挥、各卫掌印指挥、给事中、中书舍人等。

早朝日期无定。勤政的君主，在有大事的时候，可以连续若干天早朝。若皇帝怠政，若干天或若干年都不举行早朝。

三　午朝

午朝又称晚朝。永乐四年谕：“早朝，四方多奏事者。午后事简，君臣之间得从容陈论。自今有事当商榷者，皆于晚朝。”永乐七年又谕：“北京气候严凝，君臣早朝奏事，立久不胜。今后朝毕，于右顺门（清代改为熙和门）内便殿奏事。”景泰初年午朝仪式：上御左顺门，内官设御座宝案于左顺门之北，文武百官在左掖门伺候。待皇帝就位，内阁、五府、六部等官员有奏事者，赴御前奏。

明朝的皇帝，如太祖朱元璋、成祖朱棣，比较勤政，几乎每天都上朝。正统以后，每日只一朝。明穆宗时，于隆庆六年改为每旬三、六、九日视朝。明世宗时，20 多年不视朝。明神宗时，30 年不上朝。

诸司奏事仪：

凡百官御前奏对，务必从实，知则为知，不许妄对。

洪武三年定，凡百官奏事皆跪。有旨令起即起。进退皆以次，无得搀越。

凡诸儒臣于御前奏事，或进呈文字，恐有口气、体气，须退立二三步，毋辄近御案。立须于东西隅，不得直前。

（洪武）十年，令群臣自今大小政事，先启皇太子处分，然后奏闻。

（洪武）二十八年，定各衙门奏启事目。

（洪武）二十九年，令朝班奏启事务，除五府、六部、都察院、通政司、断事官、十二卫照依定例具本奏启，其余官员军民人等，若有事奏，仪礼司打点，六科给事中各一员，每日于午门外，照依该管事务总收奏状入奏。监察御史一员公同看视。其有不经各该管官员，将自己琐碎事务，径自启奏絮烦者，罪之。

又定奏事次第。凡早朝，上御奉天门，百官行叩头礼毕，分东西班序立。仪礼司依次赞某衙门奏事。奏毕，复入班。候诸司奏完，仪礼司赞奏事毕，退出。其奏事次第：一，都督府；二，十二卫；三，通政司；四，刑部；五，都察院；六，监察御史；七，断事司；八，吏部等五部；九，应天府；十，兵马司；十一，太常寺；十二，钦天监。若太常寺奏祭祀，则在各衙门之先。

凡晚朝，惟通政司、六科给事中、守卫官奏事。各衙门有军情重事许奏，余皆不许。

（永乐）七年，令大寒早朝。上御奉天门，百官行叩头礼，侍班候鸿胪寺官引谢恩见辞行礼毕，驾兴，御右顺门内便殿。百官有奏事者，以次入奏。无事者退治职务。自十一月朔日为始，其朔望如常仪。

（永乐）二十二年，令诸司有急切机务，不得即面陈者，许具题本封进。其余大小公私之事，并于公朝陈奏。

成化元年，令一应奏题本有旨意者，六科、都察院等衙门抄出，即明白复奏发落，不许稽缓。若过五日不覆奏者，该科以闻。凡在京文武衙门奏题本，谨封完备，俱差属官捧入左顺门进呈。凡每日早朝，各衙门并公差官员具本面奏。及通政司类进本状，各具手本，备开所奏事件，送礼科收照。次日，将收到奏目，并各衙门送到奏题本状，通具奏目，送司礼监交状，以候类进。[1]

第三节　明代皇帝批阅章奏、处理政务的活动

批阅章奏、处理政务，是每个皇帝的主要工作，是勤政与否的主要标志。嘉靖时，左都御史胡世宁说：“自古皇帝未有不以亲览章奏为勤政励精之实德。”[2]

以下阐述明代各帝批阅章奏、处理政务的活动。

明太祖朱元璋，在位 31 年，英明有为，勤于政务。他出身于一个贫苦的农民家庭，文化水平很低，但能勤奋学习，礼贤下士，且善于思考。史称“其身在行间，手不辍书，礼致儒臣，深思治道”，成就了帝业。建国伊始，令臣民的奏章直达御前，亲自阅理。当时，他“鸡鸣而起，昧爽而朝，未日出而临百官，故能庶

1　以上各条见万历《大明会典》卷四三《礼部》。

2《国朝典汇》卷一一〇。

绩咸熙，天下乂安”[1]。

朱元璋在当了皇帝以后，不忘创业的艰难，屡屡告诫文臣武将及子孙后代，切勿宴安而忘艰难。创业实难，守成更难。所以要勤于治事，励精图治：

洪武元年正月丙子，太祖皇帝谓侍臣曰：“朕念创业之艰难，日不暇食，夜不安寝。”侍臣对曰：“陛下日览万几，未免有劳圣虑。”太祖曰：“汝曹不知创业之初，其功实难。守成之后，其事尤难。安敢怀宴安而忘艰难哉！”

洪武元年九月，上朝罢，召宿卫武臣，谕之曰：“朕与尔等起布衣，历战阵，十五六年，乃得成功。朕今为天子，卿等亦任显荣，居富贵，非偶然也。当四方豪杰并起，互相攻夺，朕提孤军应敌，危亦甚矣。然每出师，必戒将士毋妄杀戮，毋焚民居，此心简在上帝，故有今日。卿等亦思曩时在民间，视元之将帅轻裘肥马，气焰赫然，何敢望之？然彼之君臣不思祖宗创业之艰，骄淫奢侈，但顾一身逸乐，不恤生民疾苦。一旦天更其运，非特不能保其富贵，遂致丧身灭名。今历数已在朕，何敢骄怠？常恐政事废缺，日慎一日。自非犒赏将士，宴百官，享劳外使，未尝设宴为乐。尔等亦须勤身守法，勿忘贫贱之时，勿为骄奢淫快之事，则身常荣而家常裕矣。”

洪武十年九月，上谓侍臣曰：“前代庸君暗主，莫不以垂拱无为借口，纵恣荒宁，不亲政事。孰不知治天下者无逸，然后可逸。且人君日理万几，怠心一生，则庶务壅滞，贻患

1　《明史》卷一六二。

不可胜言。朕即位有年，常以勤励自勉，未旦即临朝，晡时而后还宫。夜卧不能安席，披衣而起。或仰视天象，见一星失次，即为忧惕。或量度民事有当速行者，即次第笔记，待旦发遣。朕非不欲暂安，但祇畏天命，不敢故耳。朕言及此者，恐群臣以天下无事，便欲逸乐。股肱既惰，元首从脞，民何所赖。书云：'功崇惟志，业广惟勤。'群臣但能以此为勉，朕无忧矣！”群臣皆顿首受命。

洪武十八年春三月，太祖谓侍臣曰：“朕夙兴视朝，日高始退，至午复出，迨暮仍罢。日间所决事务，恒默坐审思，有未当者，虽中夜不寐。筹虑得当，然后就寝。”侍臣对曰：“陛下励精图治，天下苍生之福，但圣体过劳。”太祖曰：“吾岂好劳而恶安，何者？天下未宁，吾饥不暇食，倦不暇寝，奖励将帅，平定祸乱。今天下已安，四方无事，高居宴乐，亦岂不可？顾自古国家未有不以勤而兴，以怠而衰者。天命去留，人心向背，皆决于是，甚可畏也，安敢暇逸！”[1]

《春明梦余录》载：洪武十七年九月十四日至二十一日，送到宫里的奏章共1160件，包括3291档案卷。这些都须皇帝过目处理，可见其工作的辛劳。

惠帝朱允炆，朱元璋之孙，是一个书生儒士，仁柔文弱，在位四年。他即位后，视朝颇晚。御史尹昌隆说：“今乃即于宴安，日上数刻犹未临朝。”[2]他干脆改变了洪武时期每日两次临朝视事的做法，而把大权派给几位大臣。[3]

1 以上见《皇明政要》卷一五。

2 《明史》卷一六二。

3 《明史》卷一。

明成祖朱棣，朱元璋第四个儿子，封燕王，建藩北平。他登基后，在位22年，年号永乐。明成祖雄才大略，知人善任，凡事亲力亲为，常常“在宫中周思庶事，或一事未行，或行之未善，即不寝。至旦必行之，乃心安”。“太宗即位，凡视朝，特命与缙立于御榻之左，以备顾问。上以万几丛脞，日御奉天门左室，每夕召语至夜分。上或就寝，赐坐榻前，论议几密，同列不得与闻。”[1]

永乐元年九月，上御右顺门与侍臣论时政：

> 朕即位未久，常恐民有失所，每宫中秉烛夜坐，披阅州郡图籍，静思熟计：何郡近罹饥荒，当加优恤；何郡地迫边鄙，当置守备。旦则出，与群臣计议行之。近河南数处蝗旱，朕用不宁，遣使省视，不绝于道。如得斯民小康，朕之愿也。

永乐四年正月，太宗皇帝御右顺门晚朝，百官奏事毕，皆趋出。召六部尚书及近臣谕曰：

> 早朝四方所奏事多，君臣之间不得尽所言。午后事简，卿等有所欲言，可从容陈论，毋以将晡，朕倦于听纳。盖朕有所欲言者，亦欲及此时与卿等计议。

上又曰：

> 朕每旦四鼓以兴，衣冠静坐。是时神清气爽，则思四方之事，缓急之宜，必得其当，然后付所司行之。朝退，未尝辄入宫中，间取四方奏牍，一一省览。其有边报及水旱等事，

1　《翰林记》卷二。

即付所司施行。宫中事亦多，须伺外朝事毕，方与处置。闲暇则取经史览阅，未尝敢自暇逸。诚虑天下之大，庶务之殷，岂可须臾怠惰？一怠惰则百度驰矣。卿等宜体朕此意，相与勤励无厌斁也。自今凡有事当商榷者，皆于晚朝来，庶得尽委屈。

永乐四年七月，祀太庙。太宗还，御奉天殿遣使祭告岳镇海渎诸神毕。太宗出，视朝奉天门，百官奏事退。后复召侍臣与语，久之，时已五鼓。侍臣请曰："圣躬勤劳，须少息。"太宗曰：

朕常在宫中，周思庶事，或一事未行，或行之未善，即不寐。至旦必行之，乃心安。积习既久，亦忘其劳。盖尝自念，才德不逮，若又不专心志勤思虑，所行何由尽善？生民何以得安？盖勤于思则理得，勤于行则事治。勤之于道，细民不敢废，况君乎！[1]

仁宗朱高炽，明成祖长子，登基后年号洪熙，在位一年。宣宗朱瞻基，仁宗长子，登基后年号宣德，在位十年。他们都是守成勤政的君主。仁宗即位后，即命通政使司，令四方所奏雨泽章奏，"自今奏至即以闻"，以便知道四方水旱情况。洪熙元年四月，"闻山东及淮、徐民乏食，有司征夏税方急……免今年夏税及科粮之半"[2]。

宣宗即位伊始，便"谕六科，凡中官传旨，必覆奏始行"。宣德七年，他亲自审阅"法司所进系囚罪状，决遣千余人"[3]。

1 以上录自《皇明政要》卷一五。

2 《明史·本纪·仁宗》。

3 《明史·刑法志》。

宣德元年七月，设内书堂，选小内侍读书其中，令大学士陈山光教习。从此以后，宦官识字，粗通文墨。内外大臣的奏章，除皇帝亲批之外，有的令秉笔太监代皇帝朱批，使“内阁之票拟，不得不决于内监之批红”[1]，酿成宦官专权的局面。

英宗朱祁镇，宣宗长子，年号正统。他九岁即位，没有裁决章奏、处理国政的能力。阁老杨蓉等，“虑圣身易倦，因创新制度，每日早朝只许奏言八件”。而且规定，所有奏章都要“先日拟旨。其余政事，具疏封进，或仅批‘所司知之’”[2]。

正统十四年土木之变中，英宗被瓦剌首领也先俘出塞外。后英宗被送回，居于南宫。复辟以后，年号天顺。

历经磨难的英宗，复位以后还比较勤政。天顺二年谓学士李贤曰：“朕负荷天下之重，五更二鼓起，斋洁具服，拜天毕。省奏章，剖决讫。复具服谒奉先殿行礼毕，视朝。循此定规定时，不敢有误。退朝至文华殿，或有政事有关于大臣者，则召而访问商榷。复省奏章讫，回宫进膳后，从容游息。至申初，复省奏章。暇则听内政，至晚而休，若母后处。每日一朝，有命则两日一朝。隆冬盛暑，五日一朝。今左右乃曰‘何乃自劳如此？’”贤曰：“自古贤君修德勤政，莫不皆然。……愿陛下持此不衰，坚如金石，可以驯至夫尧舜之道，而为尧舜之君矣。”上又曰：“如此行之，亦有何劳？不然，则便于安逸而怠荒至矣，虽悔何追？”贤曰：“陛下言及于此，社稷苍生之福也。”[3]

天顺八年正月，天顺帝死，遗诏罢宫妃殉葬。这是他前后在位 24 年中，对后世最有影响的善政之一。

代宗朱祁钰，是英宗异母兄弟，登基后年号景泰。在宫中批阅

1　《明史》卷二七。
2　《明史》卷二〇。
3　《皇明政要》卷一五。

奏章，不咨询大臣，造成“中旨外传”，也给中官一个揽政的机会。

宪宗朱见深，英宗长子，登基后年号成化，在位23年。宪宗时，朝政荒废，宦官作乱，国库空虚。他是一个崇佛道、好方术的皇帝。

孝宗朱祐樘，宪宗第三子，在位18年，登基后年号弘治。弘治中，大臣杨守陈请恢复午朝，他说：“午朝则御文华门，大臣台谏更番侍直。事已具疏者用揭帖，略节口奏，陛下详问而裁决之。”[1]孝宗采纳了他的建议，恢复午朝，召大臣商议政事。孝宗即位后，针对成化年间的弊政，采取了一些改革的措施，提高了中央政府办事的效率，改变了过去章奏动辄淹留数月的情况。

武宗朱厚照，孝宗长子，在位16年，年号正德。他15岁即位，专事享乐，懒于朝政。武宗宠信宦官，令司礼监太监头目刘瑾掌管内外章奏文书，可代皇帝照内阁票拟批朱，以此控制内阁。臣僚的奏章，都先具揭帖于刘瑾，称为“红本”，然后再送通政使司，称为“白本”。所有章奏，刘瑾携归私第，与他的妹婿礼部司务孙聪及松江人张文冕商量参决，再由大学士焦芳润色颁发。

世宗朱厚熜，兴献王长子，在位45年，年号嘉靖。明世宗崇信道教，沉迷方术，20多年不视朝。海瑞上奏说：“二十余年不视朝政，法纪驰矣。”这下触怒了皇帝，被捕下狱。世宗虽20多年不视朝，但批阅奏章尚不放松。《明史纪事本末》卷五二载：“上虽修玄西内，而权纲总揽，夜分至五鼓犹览决章奏。”

嘉靖时还出现了一种新的上奏文书，就是青词。青词是道教设法事时祭天神的奏章表文，一般为骈俪体。因是用朱笔写在青藤纸上，故称“青词”。嘉靖皇帝对大臣的进退、任用，多以大臣是否能赞助修玄、缮写青词为标准。《明史》载：“帝专事焚修，词臣率供奉青词。工者立超擢，卒至入阁。”内阁大学士顾鼎臣、

1 《明史》卷一八四。

袁炜、李春芳等俱以善撰青词入阁，时称“青词宰相”。严嵩也以善写青词得宠。嘉靖二十一年，严嵩以武英殿大学士入直文渊阁。当时严嵩 60 岁，但“精爽益发，不异少壮。朝夕直西苑板房，未尝一归洗沐”。

穆宗朱载垕，世宗第三子，在位六年，年号隆庆。史称“令主”的穆宗，即位后革除弊政，很有作为。隆庆四年七月下诏“禁章奏浮冗”[1]，一革当时章奏浮冗的文风。在政治方面的作为，一是平反冤案；二是惩治嘉靖时崇信的道士，罢除一切斋醮。

神宗朱翊钧，穆宗第三子，在位 48 年，年号万历。明神宗朱翊钧九岁即位，由高拱、张居正、张仪组成的内阁辅弼。张居正，字叔大，号太岳，江陵（今湖北省荆州市）人，明代政治家。他不仅是裕王府的讲官，隆庆时期的内阁大臣，而且是隆庆帝临终托孤的重臣。他对幼帝的教育极为重视，亲自编纂了《帝鉴图说》作为幼帝的课本。《帝鉴图说》是一部有关封建帝王及其继承者修身养性、治国平天下的历史读物。

《明史·张居正传》载：

> 帝初政，居正尝纂古治乱事百余条，绘图，以俗语解之，使帝易晓。至是，复属儒臣纪太祖列圣宝训、宝录，分类成书，凡四十：曰创业艰难，曰励精图治，曰勤学，曰敬天，曰法祖，曰保民，曰谨祭祀，曰崇孝敬，曰端好尚，曰慎起居，曰戒游佚，曰正宫闱……曰亲贤臣，曰去奸邪，曰纳谏……曰重农桑，曰明赏罚……请以经筵之暇进讲。又请立起居注，纪帝言动与朝内外事。[2]

1 《明史·本纪》。
2 《明史》卷二一三。

自神宗即位，张居正代高拱为首辅。时神宗幼冲，朝政悉委居正，待之以师礼。居正慨然以天下为己任，“为政以尊主权、课吏职、信赏罚、一号令为主”[1]。凡事务实，勿事虚文。

张居正于万历元年六月奏行考成法，以责吏治。凡六部都察院遇各章奏，或题奉明旨，或复奉钦依，转行各该衙门，俱先酌量道里远近、事情缓急，立定程限，置文书簿存照，月岁考稽。以部院考察抚按，以六科监督部院，以内阁督察六科。“自是，一切不敢饰非，政体为肃。”[2]

针对当时朝政日趋腐朽的状况，如“朝廷诏旨，多废格不行”[3]，隆庆二年八月，张居正上《陈六事疏》。张居正提出一些改善文书处理、档案收藏与编纂的主张。如，章奏造两本文册，一送科注销，一送内阁查考。有隐瞒舞弊者，要进行检举。中央各部大臣要进行编纂汇抄，并分曹由专人掌管，不许别求差遣。对于收藏保管，提出要仿金柜石室之制，“月置一小柜，岁置一大柜”，严密收贮，等等。神宗即位伊始，于万历元年，便“命诸司立程限文簿，以防稽缓”[4]，以改变“朝廷诏旨多废格不行”的状况。

光宗朱常洛，神宗长子，万历四十八年八月一日登极，九月一日死去，当了一个月的皇帝，年号泰昌。史载，光宗因服鸿胪寺丞李可灼进献的红色药丸而死。这就是明末三大奇案之一的红丸案。

熹宗朱由校，光宗长子，在位七年，年号天启。熹宗即位之际，发生移宫案。光宗死后不久，居住在乾清宫的李选侍意图控制新君朱由校，被东林党人杨涟、左光斗迫居哕鸾宫，是为移宫

---

1 《明史》卷二一三。

2 《明史》卷二一三。

3 《明经世文编》卷三二四。

4 《明史·本纪》。

案。熹宗一朝，百事不理，一切委之魏忠贤。旨意多出内降，内阁如同虚设。红丸案、移宫案，同万历时期梃击案，史称“晚明三案”。梃击案发生于万历四十三年五月六日。一名叫张差的男子手持木梃，闯入太子朱常洛居住的慈宁宫，逢人便打，直打到殿前。宫中乱成一片，亏了内官韩本用把他拿住。张差后来被磔死。天启六年，阉党魏忠贤借皇帝敕旨，指使其党羽辑录神宗、光宗、熹宗三朝梃击、红丸、移宫三案的谕旨奏疏，并附以按语而编成《三朝要典》，为三案全面翻案。《三朝要典》是阉党打击东林党的重要工具，书中充满了对东林党的诋毁，是明末党争的缩影。

庄烈帝朱由检，光宗第五子，熹宗弟，在位 18 年，年号崇祯。朱由检即位后，面临腐朽没落的朝政。他力求振作，惩处了权监魏忠贤，取消了司礼监批红之权，决定亲自批阅奏章。崇祯元年下谕：“自今非盛暑祁寒，朕当即御文华殿批阅奏章。”[1]当时他阅处大臣本章，十分慎重。明李清《三垣笔记》记载：“上每发本，俱先经览定，分为首票通票数套。其最重大者，亲封黄绢小匣，御题某日某时送阁。及票拟签上进，亦封原匣内，写某日某时某臣等谨封。余则分项入套。以文渊阁印钤封而已。及批红发下部科，复将亲批票签密封送阁，其慎密古未有也。”但几个月后，崇祯帝因阅读了大量奏章中的繁文浮言，感到厌倦和劳累，又于崇祯元年二月“禁章奏冗蔓”[2]。崇祯元年三月，命内阁制作贴黄式样：“即令本官自摄疏中大要，不过百字，粘附牍尾，以便省览。”[3]这一制度节省了皇帝阅览奏章的时间和精力，对于提高文书处理效率、加快文书运转有一定的作用。

当时天下已乱，朝臣无能，思宗欲振作也于事无补了。崇祯

---

1 《明史纪事本末》卷七二。

2 《明史·本纪》。

3 顾炎武：《日知录》卷一八。

帝曾无可奈何地说："朕非亡国之君，事事皆亡国之象。……朕愿督师亲决一战，身死沙场无所恨，但死不瞑目耳！"[1]说毕痛哭。

崇祯十七年三月十九日，李自成领导的大顺农民军攻克北京。是日晨，崇祯帝闻城陷，鸣钟集百官，却无人至。遂与司礼监太监王承恩登万岁山，在衣襟上书写遗诏："朕死，无面目见祖宗，自去冠冕，以发覆面，任贼分裂，无伤百姓一人。"[2]崇祯皇帝以帛自缢于万岁山寿皇亭，王承恩缢于侧。

1 《明史》卷二五三。
2 《明史》卷二四。

第三章　明代文书档案制度的建立与发展

第一节　开国皇帝朱元璋治国理政先从整顿文风开始

朱元璋，祖籍江苏省沛县，出生于元末战乱之际的一个贫苦农家，自称“淮右布衣”。其祖、父为生活所迫，一再迁徙，最后定居在亳州（今安徽省凤阳县）。朱元璋幼时，曾为地主放牛。朱元璋17岁时，暴发一场大瘟疫，其父亲、母亲、哥哥相继染疫去世。朱元璋家贫，幸亏有邻人相助，才草草将父、母、兄安葬。后因孤苦伶仃，不得已入皇觉寺为僧，不久又以行童游食于淮西一带。朱元璋在流浪中，深觉人世间的艰难、人民的痛苦、元末政治的黑暗，于是下决心起义反元。经过十几年的战争，终于削平群雄、驱除胡虏，建立了大明帝国。

明朝建立伊始，朱元璋治国理政，先从整顿文风开始。当时受元朝旧制度影响，法令文书极其繁冗，档案堆积如山，行政效率低下。同时，繁冗的公文，使得办文吏员得以窃权为奸。“凡案牍出入，惟故吏之言是听。”朱元璋遂下令革除此弊，减除繁文，从简从严。洪武十二年，命议案牍减繁式，颁布诸司：

> 初，元末官府文移案牍最为繁冗，吏非积岁莫能通晓。欲习其业，必以故吏为师。凡案牍出入，惟故吏之言是听。每曹自正吏外，主之者曰“主文”，附之者曰“帖书”，曰“小书生”，体文繁词，多为奸利。国初犹未尽革。至是，吏有以成案进者，上览而厌之曰：“繁冗如此，吏焉得不为奸弊而害吾民也。”命廷臣议减其繁文，着为定式，镂版颁之，俾诸司遵守。[1]

朱元璋曾说：“虚词失实，浮文乱真，朕甚厌之。”[2]他不仅对官署的案牍进行改革，而且对章奏的文风、格式也进行了有效的改革。当时臣僚上帝后的庆贺表文、笺文都是四六骈体，立词艰深，不究道理，不达时务，徒具浮文。他立张为文“但取通道理、明时务者，无事浮藻”。

洪武二年三月，上谓学士詹同曰：

> 古人为文，或以明道德，或以通世务。如典谟之言，皆明白易知，无深怪险辟之语。至诸葛亮《出师表》，亦何尝雕刻为文，而诚意溢出，使人感激。近世文士，不究道德，不达时务，立词艰深，意实浅近。即使过于相如、杨雄，何裨实用。自今翰林为文，但取通道理、明时务者，无事浮藻。[3]

洪武六年九月，上命翰林儒臣择唐宋名儒表笺可为法者。儒臣以柳宗元《代柳公绰谢表》、韩愈《贺雨表》送上。上命中书省臣录二表为天下式，因谕臣曰：

1 《明太祖实录》卷一二六。
2 《明太祖实录》卷一四九。
3 《国朝典汇》卷三一。

唐虞三代，典谟训诰之辞，质实不华，诚为千万世法。汉魏犹为近古。晋宋以来，文体日衰，骈俪绮靡，而古法荡然矣。唐宋之时，名儒辈出，虽欲一变，而卒未能尽变。近代制诏章奏之类，仍蹈旧习。朕尝厌其雕琢，殊异古体，且使事实为浮文所弊。自今凡诰谕臣下，辞务古简，以革弊习。尔中书播告中外臣民，凡表笺奏疏，毋用四六对偶，悉从典雅。[1]

朱元璋对臣僚言事的奏章也进行了改革。在以往臣僚的奏章中，为了取悦皇帝，或卖弄自己的才华，往往形成长篇大论。出身贫寒的朱元璋，本来文化程度不高，哪有时间来阅读这些空疏的奏疏。洪武九年，刑部主事茹太素上书言事，长达一万余言。皇上让中书郎王敏读给他听，听了六千多字，都是套话，不知所云。朱元璋怒，将茹太素杖责一顿。第二天让人再读，发现直到最后五百余字才涉及正题。为此，朱元璋命中书省制定了陈言格式，主张文书应言简意赅，平铺直叙。“使言者陈得失，无繁文。”[2]

茹太素的奏章虽然浮词连篇，惹怒了皇上，但他最后五百字条陈的四件时事，还是被朱元璋采纳了。皇帝很欣赏他正直不屈的性格，洪武十八年提拔他为户部尚书。有一天，皇帝设便宴请他喝酒。朱元璋向他敬酒说：“金杯同汝饮，白刃不相饶。”茹太素激动地叩首，随即续韵对曰：“丹诚图报国，不避圣心焦。”“帝为恻然。”[3]皇帝为他忠直敢谏的精神所感动，对他“抗直不屈，屡濒于罪”的处境也“恻然”同情。

朱元璋整顿文风的措施，取得了很好的效果。明初，大臣上

1　《国朝典汇》卷三一。

2　《国朝典汇》卷一一〇。

3　《明史·列传第二十七·茹太素》。

呈皇帝的奏疏，如陈事的奏章、庆贺的表文和笺文等，一改以往浮词空言、四六骈体的弊端，一般都明道理、通时务，文体典雅，言简意赅。但到明中后期，繁文再起，文章日趋卑陋。嘉靖十一年正月，礼部尚书夏言以当会试，条奏科场三事。其一曰：

> 一，变文体，以正士习言。近来文章日趋卑陋，往往剽摹国左等书，以相矜眩。不过以艰深之词，饰浅近之见；用奇僻之字，盖庸拙之词。而纯正博雅之体，优柔昌大之气，荡然无存。……今年会试文卷，必纯正典雅，明白通畅，方得中式。若有仍钩棘奇僻，痛加黜落。[1]

第二节　皇帝专制独裁制度下文书档案制度的建立与发展

明朝的文书档案制度，是因袭历代文档制度并紧密结合当时政治斗争，社会经济、文化发展的需要而逐渐形成的。明初承元旧制，设中书省并置左右丞相。丞相的职权很大。六部及臣民奏事，都须经丞相审阅或处理。明太祖朱元璋为限制宰相的专权，于洪武十六年六月下令："天下臣民凡言事者，实封直达御前。"[2]同年七月，又谕令建立通政使司，"出纳帝命，通达下情，关防诸司出入公文"[3]。凡内外大臣的奏章，必须由通政使司呈送给皇帝，从而剥夺了丞相审阅或处理章奏的权力。翌年针对左丞相胡惟庸的专权跋扈，朱元璋又下令"六部奏事不得关白中书省"[4]，

1 《国朝典汇》卷一三一。
2 《明太祖实录》卷一一三。
3 《明会典》卷二一二。
4 《明会典》卷三一。

进一步取消了丞相指挥六部的权力。洪武十三年，朱元璋废中书省罢丞相以后，亲自参加章奏的审阅、处理。“中外章奏，皆上彻御览。每断大事，决大疑，臣下惟面奏取旨。”[1]然而皇帝的精力总是有限的，朱元璋置四辅官“详看诸司奏启”，以协助皇帝处理日常政务。至成祖时，命翰林院编修、检讨入直文渊阁并参与机务，自此始有内阁。

内阁初设时，只是皇帝的一个秘书机构。大学士秩五品，仅遵旨办事而已。明中后期皇帝多昏庸无能，不亲理政务，多依靠辅臣处理文书。宣德时，命内阁杨士奇及尚书兼詹事蹇义、夏元吉，在内外各衙门所进的奏章上，用墨笔在小纸票上拟初步处理意见，贴于各疏进呈。当时称这种做法为“条旨”，即票拟制度的开始。正统以后，才规定内阁专掌条旨。大学士掌“票拟批答”之权，往往弄权掌政。首辅严嵩、张居正，曾权倾一时。“六曹之长，咸唯唯听命。”[2]“遂赫然为真宰相。”[3]后来宦官专权，内阁票拟之权要受宦官批红的限制。明宫内司礼监协助皇帝批答章奏，手握王命，口衔天宪，逐渐从执掌“章奏文书，照阁票批朱”，发展成内阁的实际领导和皇帝的代表。《明史·职官志》中说：“内阁之票拟，不得不决于内监之批红，而相权转归之寺人。朝廷纪纲，贤士大夫之进退，悉颠倒于其手。”武宗时，司礼监刘瑾权势显赫，大学士、首辅票拟，须先“至瑾处请明，然后下笔”[4]。阁臣弄权，宦官参政，是专制主义统治下皇帝昏庸无能的必然结果，也是明朝文书处理制度的一个特色。赵翼在《廿二史札记》中说：“究而论之，总由于人主不亲政，故事权下移。长君在御，

1 《殿阁词林记》卷九。

2 《明史纪事本末》卷六一。

3 《明史·职官志一》。

4 《明史纪事本末》卷四三。

尚以票拟归内阁。至荒主童昏，则地近者权益专，而阁臣亦听命矣。”

第三节 严格的封建等级文书档案制度

明朝在使用文书上，曾建立严格的等级制度。明朝为加强封建统治，显示统治者的威严，规定诏、诰、制、敕、册、谕、书、符、令、檄，为皇帝专用的诏令文书。“凡上之达下，曰诏，曰诰，曰制，曰册文，曰谕，曰书，曰符，曰令，曰檄。”[1]皇帝宣布大政或训诫臣民，用诏书。对某些官员有所宣告时，用制书。训示某些官员或委任地方官，用敕谕。调遣或指挥军队时，用符。对敌国举行征讨、进行军事动员时，用檄文。封赠臣僚，用诰或敕。臣工上奏的文书，规定有题、奏、启、表、笺、讲章、书状、文册、揭帖、制对、露布、译。“下之达上，曰题，曰奏，曰表，曰讲章，曰书状，曰文册，曰揭帖，曰制对，曰露布，曰译。”[2]明初规定，臣民上疏于朝用奏，上疏于东宫用启。“凡内外衙门一应公事用题本。其虽系公事而循例奏报、奏贺，若乞恩、认罪、缴敕、谢恩，并军民人等陈情、建言、伸诉等项，俱用奏本。”[3]凡有密奏及奉旨对答者，用揭帖。凡遇朝廷重大节庆，如万寿圣节、元旦、冬至等，内外臣僚照例进表、笺祝贺。

洪武十五年颁布了《行移署押体式》和《行移往来事例》，规定了各官府文书程式和适用范围。官府上行文书有呈状、咨呈、申状、牒呈等，下行文书有札付、下帖、故牒等，平行文书

1 《明史》卷七二《职官志》。

2 《明史》卷七二《职官志》。

3 《明会典》卷二一二。

有照会、咨文、平牒等。各衙门按规定用文行移，不得乱用，违者严惩。

明朝统治者对档案工作十分重视。洪武元年，明军攻下元大都时，朱元璋特令率军将领把元朝秘书监、国子监、太史院的典籍，及天文仪像、地理户口版籍、应用典故文字等搜集起来，以便今后治国理政时参考。

洪武三年，朱元璋令中书省“以天下户口钱粮之籍”收入内库。[1]

洪武二十四年八月，朱元璋令“置天下诸司架阁库，以庋案牍”。

明朝还先后修建了后湖黄册库、皇史宬、内阁大库、古今通籍库等专门库房，以典藏档案。并利用所藏档案编纂了历朝的实录、宝训以及《大诰》《大诰武臣》《诸司职掌》《大明会典》等文献典籍。

1 《明太祖实录》卷四九。

第四章　明代中枢机关及办文管档机构

第一节　内阁

一　明代内阁始建

中国古代官制中，并没有内阁。明初沿元制，设中书省，置左右丞相，掌管政务。但左丞相胡惟庸权柄日重，影响了皇帝的专制统治。明太祖朱元璋以胡惟庸“窃持国柄，枉法诬贤，操不轨之心，肆奸欺之弊……蠹害政治，谋危社稷”，将其杀死。洪武十三年遂废中书省，罢丞相，并敕谕群臣：“以后嗣君，其毋得议置丞相。臣下有奏请设立者，论以极刑。”[1]把中书省的政务分归六部，六部尚书直接对天子负责，皇帝自操威柄。但皇帝个人的精力总是有限的，必须有官员来辅助处理日常政务，所以于洪武十三年又置四辅官。洪武十五年，废四辅官，仿宋制设华盖殿、武英殿、文渊阁、东阁、文华殿诸大学士。“是时以翰林、春坊详看诸司奏启，兼司平驳。大学士特侍左右，备顾问而已。”[2]成祖即位以后，特简讲、读、编、检等官入直文渊阁，参与机务，

1　《明史·职官志一》。

2　《明史·职官志一》。

自此始有内阁。《明史·职官志》说，“以其授餐大内，常侍天子殿阁之下，避宰相之名，又名内阁”。

内阁虽然是宰相制度的延续，同为君主的辅弼，但和历代宰相的性质却不同。宰相是辅助君主总揽政务的人，赞理万机，统率百官，综核钱谷刑名，事无不统，是国家最高行政长官。内阁秉承旨意，专司票拟，是皇帝的秘书机构。

宰相制度发展到明清时代的内阁，完全是君主专制制度逐步发展的结果。中国自秦朝第一个封建中央集权制度的国家建立以后，随着封建经济的发展，政治上相应的中央集权制度也逐步发展和完善。中央集权制度的核心，是皇帝的独裁统治。任何皇帝进行统治，必须有得力的辅弼臣僚和枢密机构。不过皇帝的实权大小，却因人因时而不同。在长期的封建社会里，君权、相权不断斗争，互有消长，但总的趋势是君权越来越大。秦汉时的宰相，掌丞天子，助理万机，居一人之下，万民之上，是国家政务的中枢。所谓“君相可以造命”，说明在封建社会初期，宰相的权力是很大的。到封建社会的中期，如隋、唐、宋时期，实行三省制度，使相权进一步分散，皇权逐步增长。元朝虽实行行省制度，但宰相的权力却大大缩小。元朝曾明确规定，枢密院掌兵要，御史台纠弹百官，另有机关掌管军政和监察，中书省的宰相只管行政事务。到了封建社会后期，便废除了宰相制度，皇帝大权独揽。虽设内阁，但只办秘书事务，兼备顾问。特别是到了清代，内阁权力进一步分散，皇帝万机独理，使君主集权专制制度发展到了顶峰。所以，明清的内阁是皇权逐步发展、相权相对缩小的必然结果。

二　明代大学士直舍

明代大学士直舍，初在东阁门内，以后改在文渊阁。明代，凡京官上下接本，俱在会极门（清改协和门）内。门南一间，额曰“东阁”，坐东面西，为内阁辅臣拟票本地。《春明梦余录》卷二三载：“永乐初，建内阁于东阁门内，以解缙等七人在阁办事，以备顾问。”以后大学士直舍改在文渊阁。《词林典故》载：“永乐初，命编修等官于文渊阁参预机密，谓之内阁。”

文渊阁始建于永乐十八年，位于文华殿前，为诸学士议政之所。[1]《双槐岁抄》载：“太宗皇帝肇建北京，亦开阁于东庑之南。为屋凡若干楹，高亢明爽，清严邃密，仍榜曰‘文渊’。”[2]《国朝典故》载：“文渊阁在午门之东，文华殿南面。砖城凡十间，皆覆以黄瓦。西五间揭‘文渊阁’三大字牌匾。牌下置红柜，藏三朝实录副本。前楹设凳，东西坐。余四间背后列书柜，隔前楹为退本之所。”[3]

嘉靖十六年，对内阁进行了一次大的修缮：

> 上以内阁规制未备，命太监高忠率官匠诣内阁，相计修造事宜。乃与大学士李时等议，以文渊阁之中一间，恭设御座。旁四间各相间隔，而开户于南，以为阁臣办事之所。阁东诰敕房内装为小楼，以贮书籍。阁西制敕房南隙地添造卷棚三间，以容各官书办，于是阁制视前称完美矣。[4]

以后文渊阁虽有修缮，如天顺二年“命工修整文渊阁门窗，增置门墙”[5]，但有明一代始终是内阁大学士的直舍。

1 《明会要》卷七一。
2 《双槐岁抄》卷四。
3 邓士龙：《国朝典故》卷七二。
4 《明世宗实录》卷一九九。
5 《明英宗实录》卷二九〇。

三　明代内阁的职掌

《明史》载：

> （内阁）掌献替可否，奉陈规诲，点检题奏，票拟批答，以平允庶政。凡上之达下，曰诏，曰诰，曰制，曰册文，曰谕，曰书，曰符，曰令，曰檄，皆起草进画，以下之诸司。下之达上，曰题，曰奏，曰表，曰讲章，曰书状，曰文册，曰揭帖，曰制对，曰露布，曰译，皆审署申覆而修画焉，平允乃行之。凡车驾郊祀、巡幸则扈从。御经筵，则知经筵或同知经筵事。东宫出阁讲读，则领其事，叙其官，而授之职业。冠婚，则充宾赞及纳征等使。修实录、史志诸书，则充总裁官。春秋上丁释奠先师，则摄行祭事。会试充考试官，殿试充读卷官。进士题名，则大学士一人撰文，立石于太学。大典礼、大政事，九卿、科道官会议已定，则按典制，相机宜，裁量其可否，斟酌入告。颁诏则捧授礼部。会赦则稽其由状以请。宗室请名、请封，诸臣请谥，并拟上。[1]

观其职掌，内阁主要是起草诏令、票拟批答、收发本章，以及撰拟徽号、谥号等，是皇帝的秘书机构。明初大学士秩仅五品，远在尚书、侍郎之下。但是由于侍直内廷，接近皇帝，而明代皇帝又多昏庸无能，不亲理政事，多依靠大学士“票拟批答”来处理政务，所以内阁又逐渐掌握了权力。大学士虽没有宰相的称谓，却握有宰相的实权。赵翼在《檐曝杂记》中讲：“明太祖诛胡惟庸后，废中书省不设，令六部各奏事由。由是，事权尽归宸断。然一日万机，登记撰录，不能不设官掌其事。故永乐中遂有内阁之设，批答本章，撰拟谕旨，渐复中书省之旧。”

1　《明史·职官志一》。

据史籍记载，仁宗即位以后，以杨士奇等东宫旧臣，各于本职外，兼有阁职。升杨士奇为礼部侍郎，晋少保，兼华盖殿大学士。杨荣为太常卿，进太子少傅兼谨身殿大学士。这样内阁职衔逐渐尊崇。最初入阁者，都是翰林官。景泰中左都御史王文升礼部尚书，兼学士，入内阁，开创了九卿径入内阁的先例。以后入阁者，多是尚书、侍郎，所以内阁的职权更为重要。宣宗时，事无大小，悉下大学士参议。嘉靖中，改华盖殿为中极殿，谨身殿为建极殿，殿阁职衔的顺序为中极殿、建极殿、文华殿、武英殿、文渊阁、东阁。内阁“朝位班次，俱列六部之上”[1]，大学士俨然有宰相的权位了。

以后宦官专权，司礼监太监掌批红，内阁的权势又逐步弱化。赵翼在《廿二史札记》中说：

> 按：明代首辅权虽重，而司礼监之权又在首辅上。王振窃柄时，票拟尚在内阁。然涂棐疏言，英宗时，批答多参以中官，内阁或不与，则已有不尽出内阁者。至刘瑾则专揽益甚。刘健疏云，近者旨从中下，略不与闻，有所拟议，竟从改易，是正德初已有此弊。其后凡有章奏，瑾皆持归私第，与妹婿孙聪、华亭大猾张文冕相参决，词率鄙冗，焦芳为润色之，李东阳俯首而已。瑾败后，东阳疏言，内阁与瑾职掌相关，凡调旨撰敕，或被改再三，或径自窜改，或持归私室，假手他人。臣虽委屈匡持，而因循隐忍，所损已多。……自瑾以后，司礼监遂专掌机密。凡进御章奏及降敕批疏，无有不经其出纳者。……可见是时诏敕悉出司礼，并不借内阁润色矣……大臣入阁，例当投刺司礼大奄，兼致仪状。是司礼之尊，久已习为故事，虽首辅亦仰其鼻息

1 《明史·职官志一》。

也。究而论之，总由于人主不亲政事，故事权下移。长君在御，尚以票拟归内阁。至荒主童昏，则地近者权益专，而阁臣亦听命矣。[1]

四　明代内阁的机构

明内阁设有诰敕、制敕两房。《明史·职官志》载：

内阁诰敕房舍人，掌书办文官诰敕，翻译敕书，并外国文书、揭帖，兵部纪功、勘合底簿。制敕房舍人，掌书办制敕、诏书、诰命、册表、宝文、玉牒、讲章、碑额、题奏、揭帖一应机密文书，各王府敕符底簿。

另，《明史·职官志》载：

中书科，中书舍人二十人，从七品。直文华殿东房中书舍人，直武英殿西房中书舍人……并从七品，无定员。

中书科舍人掌书写诰敕、制诏、银册、铁券等事。……文华殿舍人，职掌奉旨书写书籍。武英殿舍人，职掌奉旨撰写册宝、图书、册页。

关于中书舍人选用升迁的情况，曹家驹在《说梦》卷一中说：

明朝中书一官，其途有三：一曰进士中书科。优闲无事，惟需次擢清华而已。一曰两殿中书，盖文华，武英也，专供大内书画之役。援纳有定例。朝上赀而夕即拜官，其取径甚

1　赵翼：《廿二史札记》卷三三。

捷。但与中涓为伍，故仕流耻为之。一曰内阁中书，即制敕、诰敕房也。以其为阁臣左右之人，故人乐趋焉。内有撰文四员，此必以孝廉选人。

三种中书都为从七品，其中进士中书（中书科）资格最优而无权。内阁两房中书，资望稍亚而接近阁臣，乃为要职。两殿中书流品最卑，可以捐纳取得。

第二节　翰林院

翰林院是专管诰制、史册、文翰等事务的机关。

吴元年五月，初置翰林国史院，设学士、侍讲学士、侍读学士、修撰、典簿、编修等官。洪武元年，改为翰林院。洪武十四年五月，“凡诸司章奏，命同春坊、正字等官考核，平允则署衔曰‘翰林院兼平驳诸司文章事某官某’，列名书之”[1]。洪武十八年，更定官员品级：学士一人，正五品。侍读学士、侍讲学士各二人，并从五品。侍读、侍讲各二人，并正六品。五经博士九人，正八品。典籍二人，从八品。史官、修撰，从六品。编修，正七品。检讨，从七品。[2]

建文时，对翰林官制稍有更改，成祖复旧。永乐元年九月，特简讲、读、编、检等官，参与机务，谓之内阁。解缙等既直文渊阁，犹相继署院士。洪熙以后，始不复署，但内阁仍翰林职。嘉靖、隆庆以前，文移关白，犹称翰林，以后则竟称内阁矣。[3]

弘治《明会典》卷一七四载：

1　《明会要》卷三五。

2　《明史》卷七三。

3　《明清政治制度》。

文渊阁别有印。凡机密文字，钤封进至御前开拆。若官吏职役俸粮等项，行移各衙门者，则用翰林院印。学士一员掌之。

《明史》卷七三载：

学士，掌制诰、史册、文翰之事，以考议制度，详正文书，备天子顾问。凡经筵日讲，纂修实录、玉牒、史志诸书，编纂六曹章奏，皆奉旨而统承之。诰敕，以学士一人兼领。……侍读、侍讲，掌讲读经史。

凡纂修实录完毕，“完日，进呈实录，草稿会同司礼监官于内府烧毁”[1]。

第三节　通政使司

通政使司是出纳帝命、通达下情的机构。

洪武三年，置察言司，设司令二人，“掌受四方章奏，寻罢”[2]。洪武十年七月，置通政使司。当时，“通政司门下有一红牌，书云‘奏事使’。盖恐下情不得上达，执此牌可以直入内府，守内官不敢阻”[3]。成祖复旧制。永乐四年，诏通政司：“凡上书奏民事者，虽小，必以闻。”[4]建文时，改司为“寺”，通政使为“通政卿”。成化二年，置提督誊黄右通政，“不理司事”，录武官黄卫

1　弘治《明会典》卷一七四。

2　《明会要》卷三五。

3　《明会要》卷三五。

4　《明会要》卷三五。

所袭替之故，以征选事。万历九年革。

通政使司，设通政使一人，正三品，左、右通政各一人，誊黄右通政一人，正四品，左、右参议各一人，正五品。其属，有经历、知事各一人。

通政使司，“掌受内外章疏敷奏封驳之事”[1]，其具体职务如下。

第一，出纳帝命。凡有帝命，必当详审覆奏允当，然后施行。

第二，通达下情。凡四方陈情建言，申诉冤枉，或告不法等，于底簿内誊写诉告缘由，赍状奏闻。即五军、六部、都察院等衙门，有事关机密重大者，其入奏仍用本司印信。“凡在外之题本、奏本，在京之奏本，并受之，于早朝汇而进之。有径自封进者则参驳。午朝则引奏臣民之言事者，有机密则不时入奏，有违误则籍而汇请。”[2]“凡议大政、大狱及会推文武大臣，必参预。”[3]

太祖朱元璋下谕设通政使司时，曾告诫通政使官员要当好皇帝喉舌：

> 壅蔽于言者，祸乱之萌；专恣于事者，权奸之渐。故必有喉舌之司，以通上下之情，以达天下之政。昔者虞之纳言，唐之问下者，皆其职也。今以是职命卿等，官以“通政”为名。政犹水也，欲其常通，无壅遏之患。卿其审命令以正百司，达幽隐以通庶务。当执奏者勿忌避，当驳正者勿阿随，当敷陈者勿隐蔽，当引见者勿留难。毋巧言以取容，毋苛察以邀功，毋谗间以欺罔。公清直亮，以处厥心，庶不负委任之意。

1 《明史·职官志二》。

2 《明史·职官志二》。

3 《明史·职官志二》。

从历史事实看，明初洪武、永乐年间，在皇帝勤政有为的情况下，通政使司起到了“朝廷喉舌”的作用，使政情上下通达，但到了明中后期，皇帝多荒主童昏，“祖宗关防奸党、通达下情之意，无复存矣”。龙文彬《明会要》卷三五载：

> 通政司所以出纳王命，为朝廷之喉舌。洪武、永乐间，实封皆自御前开拆，故奸臣有事即露，无幸免者。自天顺间，有投匿名书言朝廷事者，于是始有关防。然其时但拘留进本人在官候旨，旨出即纵还，未尝窥见其所奏也。厥后乃有“拆封类进”及“副本备照”之说。一有讦奏左右内臣及勋戚大臣者，本未进而机已泄。被奏者往往经营幸免，具奏者多以虚言受祸。祖宗关防奸党、通达下情之意，无复存矣。[1]

第四节　六科给事中

明初，总设给事中，正五品。洪武四年，改正七品。洪武六年，吏、户、礼、兵、刑、工六科，各设给事中，从七品。洪武二十四年，添设都给事中，从八品，改给事中正九品，左右给事中俱从七品，各科并同。[2]

六科各设都给事中一人，左右给事各一人。各科另设给事中，吏科四人、户科八人、礼科六人、兵科十人、刑科八人、工科四人，员额时有增减。都给事掌本科印，名“掌科”[3]。

六科给事中的职务：

1　《明会要》卷三五。

2　正德《明会典》卷一六七。

3　《明史·职官志三》。

> 六科，掌侍从、规谏、补阙、拾遗、稽察六部百司之事。凡制敕宣行，大事覆奏，小事署而颁之。有失，封还执奏。凡内外所上章疏下，分类抄出，参署付部，驳正其违误。[1]

各科的主要职务：吏科会吏部引选官员，纠劾不职官员等；户科监光禄寺岁入金谷杂物等；礼科监订礼部仪制等；兵科会同兵部引选武职人员；刑科查报罪囚数目，分期奏上；工科阅试军器局，稽查宝源局。

另外，凡有关“主德阙违，朝政失得，百官贤佞”等大事，“各科或单疏专达，或公疏连署奏闻”。“凡日朝，六科轮一人立殿左右，珥笔记旨。”“凡题奏，日附科籍，五日一送内阁，备编纂。”“内官传旨必覆奏，复得旨而后行。”“受牒，则具题本封上。遇决囚，有投牒讼冤者，则判停刑请旨。”“凡大事廷议、大臣廷推、大狱廷鞫，六掌科皆预焉。”[2]

“凡各衙门题奏本状、奉旨发落事件，开坐具本。户礼二科俱送吏科，刑工二科俱送兵科。每日早朝，六科掌科官同于御前进呈。”[3]

六科通行事例主要如下：

> 凡每日早朝，六科轮官一员于殿廷左右执笔纪录圣旨，仍于文簿内注写“本日某官某钦记”相同，以防壅蔽。
>
> ……
>
> 凡一应题奏本内违碍事情，及字样差伪、洗补迹污等项，参出该部抄行。

---

1 《明史》卷七四《职官志》。

2 以上见《明史·职官志三》。

3 《明会典》卷一六七。

凡各衙门题奏本状，奉旨发落事件，开坐具本。……

凡各衙门题奏发下圣旨，各该衙门堂上官一员，随赴本科，批押于后。

凡六科每日收到各衙门题奏本状奉圣旨者，各具奏目，送司礼监交收。又置文簿，陆续编号，开具本状，俱送监交收。

各衙门题奏过本状，俱附写文簿后五日，各衙门具发落日期，赴科注销。过期稽缓者参奏。

凡各衙该朝官，各具职名，置卯历一扇，轮送各科。每日早，各官赴科领历画卯，仍将前历送科，月终查考。若五卯以上不到者参究。

凡内官内使传旨，各该衙门补本覆奏。再得旨，然后施行。

……

凡登闻鼓下，每日各科轮官一员，如有申诉冤枉并陈告机密重情者，受状，具题本封进。如决囚之日，有诉冤者，受状后批手令校尉停决候旨。[1]

六科给事中隶属，历有更改。洪武十年隶承敕监，十二年改隶通政司。十三年置谏院，后罢。宣德八年，增户科给事中，专理黄册。南京户科给事中一人，管理后湖黄册。

给事中与御史都以谏诤、监察为职，给事中为科官、言官，御史为道官、察官。二者职务类似，故常统称科道官。御史偏重察事，以一般行政事务为对象。给事中以拾遗补阙、封驳章奏为主，偏重言事。

《日知录》记载：

1　以上见正德《明会典》卷一六七。

明代虽罢门下省长官，而独存六科给事中，以掌封驳之任。旨必下科，其有不便，给事中驳正到部，谓之科参。六部之官无敢抗科参而自行者，故给事中之品卑而权特重。万历之时，九重渊默，泰昌以后，国论纷纭，而维持禁止，往往赖抄参之力，今人所不知矣。[1]

第五节　尚宝司

太祖初设符玺郎，吴元年改尚宝司。

"尚宝司，卿一人，正五品。少卿一人，从五品。司丞一人，正六品。……掌宝玺、符牌、印章，而辨其所用。"

"宝有二十四，旧宝十七，嘉靖十八年增制七。"各事所用宝，规定甚为详细。"凡宝之用，必奏请而特发。"[2]

第六节　中书舍人

洪武七年初，置直省舍人十人，秩从八品，隶中书省。洪武九年，改为中书舍人，为正七品，寻又改从七品。洪武十年，与给事中皆隶承敕监。建文中，革中书舍人，改为侍书，升正七品，入文翰馆，隶翰林院。成祖复旧制，寻设中书科署于午门外，定设中书舍人二十人。永乐初，命内阁学士参与机务，负责起草诏册、制诰等文稿，而誊副缮正，皆中书舍人入办，事竣辄出。宣德时，内阁设诰敕、制敕两房。选能书者处于阁之西小房，谓之西制敕房。而诸学士掌诰敕者居阁东，具稿付中书缮进，谓之东诰敕房。正统后，学士不能视诰敕，内阁悉委于中书、序班、译

1　《日知录》卷九。

2　《明史》卷七四。

字等官，于是内阁又有东诰敕房。嘉靖二十八年，选各部主事，大理寺评事，带原衔直诰敕、制敕两房。嘉靖四十四年，两房员缺，令吏部考选举人为中书舍人。隆庆元年，两房办事官，不升列九卿。[1]

综上所述，中书舍人有直文华殿东房中书舍人、直武英殿西房中书舍人及内阁诰敕房中书舍人、制敕房中书舍人，均无定员。《明史·职官志》载：

> 中书科舍人掌书写诰敕、制诏、银册、铁券等事。凡草请诸翰林，宝请诸内府，左券及勘籍，归诸古今通集库。诰敕（公侯伯及一品至五品诰命、六品至九品敕命），勘合籍，初用二十八宿，后用《急就章》为号。诰敕之号，曰仁、义、礼、智，公、侯、伯、蕃王、一品、二品用之；曰十二支，曰文、行、忠、信，文官三品以下用之；曰《千字文》，武官、续诰用之。皆以千号为满，满则复始。王府及驸马都尉不编号，土官以文武类编。……文华殿舍人，职掌奉旨书写书籍。武英殿舍人，职掌奉旨篆写册宝、图书、册页。内阁诰敕房舍人，掌书办文官诰敕，番译敕书，并外国文书、揭帖，兵部纪功、勘合底簿。制敕房舍人，掌书办制敕、诏书、诰命、册表、宝文、玉牒、讲章、碑额、题奏、揭帖一应机密文书，各王府敕符底簿。

附中书舍人事例：

> 凡本衙门，官无正佐，例推年深者一人掌印。
>
> 凡王府，自郡王以下至奉国中尉，自王夫人以下至乡君，

1　《明史·职官志三》。

合给诰命，俱从吏部奏准送写。

凡亲王郡王并妃初受封号，合授金册银册，俱从银作局造册文，写完仍从本局镌刻。

凡公侯伯初受封爵，合给铁券，从工部造完送写诰文，转送银作局镌刻。以右一面颁给，左一面年终奏送古今通集库收贮。

凡内外文武官应给诰敕，从翰林院领写。该用轴数，于御前奏过，印绶监关出。写完，与尚宝司及该科官同于奉天门用宝讫，本衙门收贮，从该部请旨颁给。

凡写完诰敕，类成宝簿，一品二品各一扇，三品至五品共一扇，六品至九品共一扇。其在外观品级虽与京官相同，俱列于后。每年终于御前奏过，送古今通集库收贮。

凡诰敕轴，俱南京织染局织造，赍送印绶监，交收本监，会同本衙门官选检收贮。或不堪用，仍会同参奏。

凡写诰敕年月，成化二十三年奉旨，照奏准年月填写。

凡诰敕勘合底簿，系印绶监收掌。每遇该官数目，赴本监依品级填写。其字号，旧用二十八宿等字，永乐以后改用《急就章》编写。

凡编字号，公侯伯本身并追封用仁字。蕃王亦用仁字。文官本身用十二支字，追封用文、行、忠、信字。武臣用《千字文》。以上每字编满一千号，仍从前续编。若王府并驸马都尉，俱不编号。

凡写诰敕合用纸札笔墨，具奏于司礼监关用。其武官诰敕合用纸札笔墨，该兵部具奏行，顺天府买用。

凡武官诰命，旧例用监生誊黄并写诰共八十名。成化二十三年定，用三十五名，内十五名誊黄，二十名写诰。

凡亲王之国敕符字号，赴内阁誊写。

凡大祀天地，分官二员随驾供事。

凡万寿圣节、正旦、冬至及传制、传胪等项，各分官四员于奉天殿侍班。

凡东宫千秋令节并正旦、冬至，分官二员于文华殿侍班。

凡会试，委官一员与制敕房官收掌试卷。

凡每日各官并监生酒饭，俱光禄寺供给。

凡各官俸，通政司关支。监生月粮，兵部关支。

凡本衙门行移各衙门，俱从通政司转行。文华殿门东房，别设中书舍人分直，职专奉旨书写书籍等项。内官职升迁不一，不拘员数。[1]

第七节　宫内宦官办文机构

有明一代，宦官祸国乱政，既久且烈。明太祖鉴历代宦官挟权之教训，于洪武十七年铸“内臣不得干预政事，犯者斩”的铁牌，立于宫门口。又敕谕诸司，不得与内官监文移往来。[2]然而，独裁统治者往往最信任身边的人。洪武二十五年，太祖命聂庆童前往河州敕谕茶马事，中官奉行事例自此开始。成祖朱棣也曾说：“朕一遵太祖训，无御宝文书，即一军一民，中官不得擅调发。”[3]然而，朱棣靖难之役深得太监帮助，得位之后对太监深信不疑，遂派中官四出。永乐元年，派李兴等持敕慰劳暹罗王，此中官奉使外国之始。永乐三年，郑和等率兵两万，行赏西洋、满剌加诸国，宣扬国威，此为中官领兵之始。永乐八年，“敕王安监都督谭青等军，马靖巡视甘肃，此监军、巡视之始也”。“洪熙元年，以郑和领下番官军守备南京，遂相沿不改。敕王安镇守甘肃，而

1　正德《明会典》卷一六七。

2　《明史·职官志三》。

3　《明史·职官志三》。

各省镇皆设镇守矣。”[1]

太监窃权乱政，最重要的手段是在宫廷中办理百官的奏疏，代皇帝批红。宣德四年，创设内书堂，命大学士陈山教授太监识字读书。“凡奉旨收入宫人，选年十岁上下者二三百人入内书堂读书。”[2]太祖不许太监识字读书的制度，自此而废。以后太监得以读书习文，给太监在宫廷参与文书处理打下了基础。

明代内府衙门庞大，太监众多。明代宫廷置十二监，即司礼监、御用监、内官监、御马监、司设监、尚衣监、尚宝监、神宫监、尚膳监、印绶监、直殿监、都知监，管理皇室内务。下属四司八局：四司即惜薪司、宝钞司、钟鼓司、混堂司；八局即兵仗局、巾帽局、针工局、内织染局、酒醋面局、司苑局、浣衣局、银作局。十二监及下属四司八局，总称二十四衙门。[3]其外，在京之各库、房、门，提督东、西厂，提督京营、诸陵神宫监等太监，在外之监军、采办、粮税、矿、关等使，不常设者，不可胜纪也。

下面简要介绍处理宫廷文书的相关机构，以及中官女官的设置。

第一，司礼监。司礼监是内府机构中权势最大的一个衙门，设掌印太监一员，秉笔、随堂太监八九员或四五员。设有象牙小牌一面，长寸余，每日申时交接，轮流值班。刘若愚《酌中志》卷一六载：

凡每日奏文书，自御笔亲批数本外，皆众太监分批。遵照阁中票来字样，用朱笔楷书批之。间有偏旁偶讹者，亦不妨略为改正。最有宠者一人，以秉笔掌东厂，掌印秩尊，视

1 《明史·职官志三》。

2 《酌中志》卷一六。

3 《酌中志》卷一六。

元辅。掌东厂权重，视总宪兼次辅。其次秉笔、随堂，如众辅焉。

另，刘若愚《酌中志》卷一二载：

凡每日票本奏下，各秉笔分到直房，即管文书者打发本管公，公一本一本照阁中原票用朱笔誊批。事毕奏过，才打发。此系皇祖以来累朝旧制，非止今日一家一人如此也。[1]

东厂与西厂原为宦官组织的一部分，其后又添设内厂与外厂等机构，负责刺探隐私，缉捕罪犯，是皇帝的特务机构。东厂掌刺缉刑狱之事，以司礼秉笔第二人或第三人为之。司礼监掌印，权如外廷元辅；掌东厂，权如总宪。武宗时，刘瑾掌司礼监兼提督团营，天下章奏悉由瑾裁决。

《明史纪事本末》载：

瑾由是自决政。瑾初亦送内阁拟旨，但秉笔者逆探瑾意为之。其事大者，令堂候官至瑾处请明，然后下笔。后瑾竟自于私宅拟行……府部等衙门官禀公事，日候瑾门，自科道部属以下皆长跪。大小官奉命出外及还京者，朝见毕，必赴瑾见辞以为常。惟瑾自建白本，则送内阁拟旨，东阳等必极为称美。[2]

正德二年，“刘瑾矫诏，令吏、兵二部，凡进退文武官，先于

1 《酌中志》卷一二。
2 《明史纪事本末》卷四三。

瑾处详议。两京都察院各道有奏章，必先呈堂禀详，然后上闻”[1]。正德三年，左都御史屠滽掌院事。录囚时，内写“刘瑾传奉”字，重复数多。“瑾怒骂之。滽率十三道御史谢罪。御史跪于阶下，瑾数其罪斥责，皆叩头不敢仰视，久乃起。”[2]

《明史》载：

> 瑾不学，每批答章奏，皆持归私第，与妹婿礼部司务孙聪、华亭大猾张文冕相参决，辞率鄙冗，焦芳为润色之。……当是时，瑾权擅天下，威福任情。……公侯勋戚以下，莫敢钧礼，每私谒，相率跪拜。章奏先具红揭投瑾，号“红本”，然后上通政司，号“白本”，皆称刘太监而不名。[3]

熹宗时，魏忠贤弄权。忠贤不识字，竟任司礼监秉笔太监，批阅奏章。群臣奏疏，咸称“厂臣”，“票旨，亦必曰‘朕与厂臣’，无敢名忠贤者”。士大夫对忠贤遮道拜伏，呼九千岁。忠贤不知书，颇强记，猜忍阴毒，好谀，“用司礼监王体乾及李永贞、石元雅、涂文辅为党羽翼，宫中人莫敢忤”[4]。“先是，掌司礼秉笔者，非公事不得出。忠贤独招摇畿辅，以恣驰逐。”[5]各处为忠贤建立生祠，崇祀如孔子。

《明史》载：

> 帝（熹宗）性机巧，好亲斧锯髹漆之事，积岁不倦。每引绳削墨时，忠贤辈辄奏事。帝厌之，谬曰：“朕已悉矣，

1 《明史纪事本末》卷四三。

2 《明史纪事本末》卷四三。

3 《明史》卷三〇四。

4 《明史·宦官传二》

5 《明史纪事本末》卷七十一。

汝辈好为之。”忠贤以是姿威福惟己意。[1]

第二，文书房。文书房犹如外廷之通政使司，设管理八员或十员。“掌收通政司每日封进本章，并会极门京官及各潘所上封本，其在外之阁票，在内之搭票，一应圣谕旨意御批，俱由文书房落底簿发。”[2]“凡升司礼者，必由文书房出，如外廷之詹、翰也。”[3]

关于百官奏疏送达宫中批阅、处理的过程，当时太监刘若愚载：

凡每日通政司使封本到文书房，回知该正公公，即付掌文书周近侍进朝等折开，口占注语略节。旁有写手一人，执笔草稿文书单毕，连本付捧匣者，如侯保山、李黑子、张大汉等，失其名，请本至乾清宫大殿内，付王体乾、梁栋、李永贞、石元雅、涂文辅分投互看。凡有要紧处，即钤阔一寸许白纸条，复于本上下空纸处，用指甲捏一痕。有应关白逆贤者，永贞三人争先朗诵，体乾助为讲解。逆贤听毕，公同商量区处，南乐相公及崔呈秀等密递姓名，著数行事。每日阁中封来票本，亦文书房折开，呈体乾等分投互看。如不合逆贤意应改者，及内有错字，或称颂逆贤，该出温旨者，亦各钤纸条捏痕为记。每日申后，会极门接实封文书，文书房转呈体乾等，亦先于大殿折开，如有前项密递线索姓名，亦钤字条捏痕为记，以便次早奏请施行。除体乾等五人，绝无敢擅捏痕、钤纸条者。其纸条于传票、改票时除去，而指痕之本，今尚存各科也。以上通本票本乃昼间事，惟会极门封

1　《明史·宦官传二》。
2　《酌中志》卷一六。
3　《明史·职官志三》。

本，虽众官大殿内看过，尚恐未遍未详，捧匣者又自暮为始，先到日精门、体乾直房，次到西南撺角、逆贤直房，次过月华门，到梁栋直房，到石元雅直房，到涂文辅直房，次再过仁荡门，到李永贞直房，各家都有经管文书、识字官人。如若愚之类者，立于案旁，一本一本打发各家本管公公细查看，或延至二更三更始完，惟在文书多寡何如。捧匣者，宫中亦有直房一间，每日晚间膳房例给酒食供给。[1]

第三，尚宝监。《明史》载："尚宝监，设掌印一员，佥书、掌司无定员，掌宝玺、敕符、将军印信。凡用宝，外尚宝司以揭帖赴监请旨，至女官尚宝司领取，监视外司用讫，存号簿，缴进。"[2]

第四，印绶监。印绶监设掌印一员，佥书、掌司无定员。"掌古今通集库，并铁券、诰敕、贴黄、印信、勘合、符验、信符诸事。"[3]

第五，都知监。都知监设掌印太监一员，佥书、掌印、长随、奉御无定员。"旧掌各监行移、关知、勘合之事，后惟随驾前导警跸。"[4]

第六，司宝司。司宝司是尚服局所管四司之一，"设司宝二人，典宝二人，掌宝二人，女史四人，职掌宝玺、符契"[5]。

1 《酌中志》卷一三。
2 《明史·职官志三》。
3 《明史·职官志三》。
4 《明史·职官志三》。
5 《明史·职官志三》。

第五章　皇帝诏令文书的格式及承办制度

诏令文书为中国古代帝王诏告臣民、敕封官员、处理军国政务的文书总称。历代诏令文书的名称、用途和格式屡有变化。夏、商、周三代王命文书有命（封爵）、诰（布政）、誓（誓师）。战国时王命文书有命、令。这时的诏令文书还处在形成阶段，很不完善。

秦统一中国后，诏令文书随着封建制度的发展，愈来愈完备。秦朝把战国时代的王命文书命和令，改称为制和诏。制用以颁布法度，诏用以布告臣民，均为皇帝御用文书，臣民不得使用。汉代除承用秦时的制、诏之外，又增加了策书、戒敕。策书用以封赠王侯，戒敕用以告诫地方官员。

魏晋南北朝基本上承袭秦汉时的制度。隋、唐、宋时，封建社会的政治、经济、文化等各方面都得到很大发展，文书制度也进一步完备。唐代的诏令文书，有册书、制书、敕书三种。册书用于命立皇后、太子及王公等。制书有制书和慰劳制书两种，制书用于颁布国家重大制度，慰劳制书用于对官僚的褒奖、嘉勉。敕书又分发敕、敕旨、论事敕、敕牒四种。宋代除沿用隋唐所定的诏令文书外，还增加御札、敕牒、诰命三种。御札用于颁布军政命令，敕牒用于戒励百官、晓谕军民，诰命用于封赠官僚。

元朝统治者基本上沿用汉族封建王朝的诏令文书，但伴有浓厚的民族特色。元帝下令的诏令文书有诏书和圣旨，而以圣旨的使用最为广泛。此外还有皇太子及诸王颁下的令旨、皇后颁下的懿旨。无论圣旨、懿旨，其语言可分为白话文与文言文两种，白话系蒙古语译文。

明朝是中国封建君主专制制度高度发展的时期，也是诏令文书最为完备的时期。明朝的诏令文书有诏、诰、制、敕、册、谕、书、符、令、檄等。《明史》卷二七《职官志一》载："凡上之达下，曰诏，曰诰，曰制，曰敕，曰册，曰谕，曰书，曰符，曰令，曰檄。皆由内阁大学士起草进画，下之诸司。"[1]

诏，又称诏书，是皇帝宣布政令、解释实施重大举措的原因、征兵勤王、训诫群臣、颁布日历等所使用的文书。例如皇帝即位有登极诏、皇帝驾崩有遗诏等。诰，又称诰命，是封赠官员的文书。制，又称制书，为皇帝对个别官员或部分官员有所宣告时使用的文书。敕，又称敕谕，是皇帝对中央和地方官员申明职守、训诫时所使用的文书。册，又称册文，主要用于册封皇后、太子、诸王、后妃。谕，又称谕旨，用于常行的政务和批阅章奏。书，多用于庆贺酬答诗文或劝导交战的对方。令，用于颁行、更改制度。檄，皇帝进行军事动员、征讨敌人时使用的文书。铁券，又称诰券，是记录功臣封爵的文书。

皇帝的诏令，一般都由内阁遵照皇帝的手敕或面谕起草，由皇帝批准后发出。诏令发出时必须经六科封驳，再交诸司执行。所谓"诏旨必由六科，诸司始得奉行。朕有未当，许封还执奏。如六科不封驳，诸司失检察者，许御史纠弹"[2]。

---

1 《明史》卷二七《职官志一》。

2 《明史》卷二一五。

明代中后期，因太监擅权，皇帝旨意一般先经司礼监秉笔太监笔录后，再交内阁起草。接着，由中书舍人缮写誊清后，转六科抄交有关衙门执行。

如果皇帝的面谕或手诏，不经内阁拟旨，叫中旨、特旨、内降或传笔等。中旨不经内阁，容易造成权臣或中官矫旨窃权的局面。成化时以内降批授官，不经吏、兵二科，创下传奉官的恶例。宦官梁芳“取中旨授官，累数千人，名传奉官，有白衣躐至太常卿者”[1]。弘治十二年，吏部尚书屠滽对传奉官大加攻击：“今日之传奉，即汉所谓西邸之爵，唐所谓斜封之官，宋所谓内批之降。陛下当远宗尧舜，岂可袭末世之弊辙乎？”[2]孝宗纳之。

世宗以亲王入继帝位，仍依旧日侍臣多以中旨任官。嘉靖元年，中旨任命席书为礼部尚书。吏部尚书乔宇上言：“且书不由廷推，特出内降，此祖宗来所未有。乞令俊与书各仍旧职。”[3]

第一节　诏

诏，又称诏书，是皇帝宣布政令、征兵勤王、训诫群臣、颁布日历等使用的文书。皇帝即位有登极诏、皇帝驾崩有遗诏，等等。其格式，以“奉天承运，皇帝诏曰”开头，接叙诏告的事由，以“布告天下，咸使闻知”结束。文尾书明下诏的年、月、日，并加盖皇帝之宝。

元代的诏书，首称“上天眷命”。朱元璋认为这样不能“尽谦卑奉顺之意”，而改为“奉天承运”，表明皇帝“见人言动，皆奉天而行，非敢自专也”。[4]

1　《明史》卷三〇四。
2　《明史纪事本末》卷四二。
3　《明史》卷一九四。
4　《典故纪闻》卷一。

如洪武元年正月初四日，明太祖朱元璋《即位诏》：

朕惟中国之君。自宋运既终，天命真人于沙漠入中国为天下主，传及子孙，百有余年。今运亦终，海内土疆，豪杰分争。朕本淮右庶民，荷上天眷顾、祖宗之灵，遂乘逐鹿之秋，致英贤于左右。凡两淮两浙、江东江西、湖湘汉沔、闽广山东，及西南诸部蛮夷，各处寇攘，屡命大将军与诸将校奋扬威武，已皆戡定，民安田里。今文武大臣，百司众庶，合辞劝进，尊朕为皇帝，以主黔黎。勉循舆情，于吴二年正月初四日，告祭天地于钟山之阳，即皇帝位于南郊，定有天下之号曰“大明”，以吴二年为洪武元年。是日恭诣太庙，尊四代考妣为皇帝皇后，立太社太稷于京师。布告天下，咸使闻知。[1]

第二节　诰

诰，中国帝后诏令文书之一。诰，以上告下的意思。古代以大义谕众叫诰。诰作为王命文书始于西周，如《尚书·周书》载有《大诰》《汤诰》《康王之诰》等篇，是周王用以告诫臣工的文书。秦废不用。汉代偶一用之，不为常式。唐代大除授、大赏罚用制诰。宋代始以诰命任官和封赠官员。凡迁改文武官职秩，追赠大臣，贬乏有罪，赠封其祖父妻室，都用诰命。元代封赠文书有宣命和敕牒，宣命用于一至五品官，敕牒用于六至九品官，均用纸缮写。

明沿宋制，诰用以任命和封赠官员。任命官员的诰命，文书开头先讲该官职的重要性与职能，末书“尔宜懋哉”或“尔精勿

1 《明太祖文集》卷一。又见《明太祖实录》卷二九。

怠”。如《翰林承旨宋濂诰》：

昔君天下者，官有德而赏有功。世之文武，莫不云从。尔濂虽博通古今，惜乎临事无为，每事牵制弗决。若使尔检阅则有余，用之于施行则甚有不足。然方今儒者以文如卿者甚少，朕念卿相从久矣，特授卿翰林学士承旨，尔宜懋哉！[1]

封赠官员的诰命，如《右都御史李公诰》：

奉天承运，皇帝制曰：为臣能勤于职务，国家既有以褒荣之，而复推恩及其亲者，所以惇本始而为天下为父母者劝也。尔李祥乃都察院右都御史实之父，积善毓庆，致有贤子，为国之用。兹特封尔为资善大夫、都察院右都御史。服此隆恩，永绥禄养，益勤祗慎，光我命词，钦哉！

景泰二年（御宝）六月十八日。

《夫人柯氏诰》：

奉天承运，皇帝制曰：朕惟人子之贤，必本于父母之教。故国家于群臣之有劳绩者，则推恩以及其亲，所以重彝伦而励忠孝也。尔都察院右都御史李实母柯氏，妇道母仪，著于闺门。篤生贤子，显庸于朝。揆厥本原，宜锡褒命，兹特封为夫人。服此茂恩，益崇阃范，尚迪尔嗣，克谐厥终。

景泰二年（御宝）六月十八日。[2]

1　《明太祖文集》卷三。

2　以上录自《虚庵李公集》，《四库全书存目丛书》史部第46册。

第三节　制

制书是中国帝王诏令文书之一。在周代，帝王的命令叫命。秦统一六国后，改命为制，成为皇帝的专用文书，用以颁布重要的法制命令。《秦会要》卷六："制者，王者之言，必有法制也。"《史记·秦始皇本纪》载，始皇二十六年，廷尉斯等议追尊襄王为太上皇，制曰："朕闻太古有号毋谥，中古有号，死而以行为谥。如此，则子议父，臣议君也，甚无谓，朕弗取焉。自今已来，除谥法。"两汉及魏晋南北朝的制书，基本上沿用秦朝的规定。唐代的制书，分制书、慰劳制书两种——制书用于颁布国家重大制度，慰劳制书用于褒奖、嘉勉官僚。

明代的制书是皇帝对个别官员或部分官员有所宣告时使用的命令文书。如《答太师李善长等表请御正殿制》：

> 朕闻尧舜之君，德备天地，禹汤之治，大洽民心。朕本才疏德薄，惟知图志，弗克行仁。乖上帝后土之好生，负海岳之呵护，累祖宗于地下，致五雷奉命着迹于殿廷。虽不遑宁处于斯时，甚畏无知于悠久。昨卿等御大朝，故不违群情，朝臣民于正殿。赖尔臣僚，毋隐匡辅！

《答太师李善长等表请上寿制》：

> 父母劬劳之恩，昊天罔极。当生之日，思无上报，痛心无已。所以奉祀清晨，静居终日，毋敢歌欢。迩来卿等数云太平，以朕年高，固请称贺。今不违群情，许卿等依期来朝，毋致过奢，惟仪肃礼当，故兹诏谕！[1]

1　《明太祖文集》卷三。

第四节　诰敕

诰命和敕命为封赠文武官员的文书。“洪武廿六年定，一至五品皆授以诰命，六至九品皆授以敕命。妇人从夫品级。诰用‘制诰之宝’，敕用‘敕命之宝’。仍以文簿与诰敕合编字号，复用宝识之。文簿藏于内府。”[1]诰敕首写皇帝的制词，次书官员的身世、履历及封赠官员的品级，末书年、月、日。文官用玉箸篆，武官用柳叶篆。

诰命、敕命为誊轴形式，分苍、青、黄、赤、黑五色。由于官员的品级不同，诰敕封赠的范围及轴数、图案、轴头亦各有异。正统十二年定诰敕轴数：一品五轴，二品三轴，三品二轴，四品至七品俱一轴。公侯诰用玉轴，一品官同伯子男诰用犀轴，二品官至四品官用抹金轴，五品以下用角轴。

洪武二十六年定，“照依品级制度，如式制造。所用五色纻丝、诰身、诰带、黄蜡、花椒、白面、纸札等项，差人赴内府织染局等衙门关支”。诰敕式样：“诰织用五色纻丝，其前织文曰‘奉天诰命’。敕织用纯白绫，其前织文曰‘奉天敕命’。俱用升降龙文，左右盘绕。后俱织某年月日造。带俱用五色。”[2]

册封或告谕外藩也用诰命，如明太祖册封札思巴为武略将军、朵甘都卫管军副千户的诰命（盖制诰之宝）：

奉天承运，皇帝制曰：朕受天明命，君主华夷。凡诸施设，期在安民。是以四夷之长，有能抚其众而悦天心者，莫

1　万历《大明会典》卷六、卷一二二。

2　万历《大明会典》卷二〇一。

不因其慕义，与之爵赏，以福斯民。曩者，西蕃效顺，为置朵甘都卫，以官其长，使绥镇一方，安辑众庶。今复遣使修贡诸官，朕如其请，特以监藏札思巴为武略将军、朵甘都卫管军副千户。尔兵曹如敕，勿怠！

洪武二十一年正月十八日。[1]

第五节　敕书

敕书，中国帝王诏令文书之一。敕，告诫的意思，是帝王任官封爵和告诫臣僚的文书。敕书源于西汉。《文心雕龙·诏策》："汉初定仪则，则命有四品：一曰策书，二曰制书，三曰诏书，四曰戒敕。敕戒州部，诏告百官，制施敕命，策封王侯。"

它由汉代的戒书发展而来。最初皇帝训诫新任的敕史、太守及三边营官用戒书。后来，凡告谕京外各官也用戒书。魏晋南北朝时，基本沿用汉制。北周曾将敕书改为天敕。唐代的敕书，分为发敕、敕旨、论事敕、敕牒四种。凡官府增减官员，废置州县，征发兵马，除免官爵，授六品以上官等重要事情用发敕；凡因官僚奏请而颁发的皇帝命令，称敕旨；凡政事堂议决之事，由中书起草进呈皇帝画敕，再由政事堂出牒公布施行，称为敕牒。宋代除沿用唐制外，又增加敕牓一种，用以戒励百官，晓谕军民。元代封赠官员有宣命和敕牒两种：封一至五品官用宣命，以白色纸缮写；封六至九品官用敕牒，以赤色纸缮写。明清时期，敕的用途更为广泛，规格、形式也更为完备。

明代，凡皇帝训示中央和地方官员，或委任地方官员时，用敕谕。封赠六品以下官员用敕命。敕封或告谕外藩也用敕命。

1　原件存于四川省甘孜藏族自治州档案馆。详见《中国档案报》2016 年 1 月 1 日载文如《王府典宝正敕（副同）》：

昔者君天下，符契为先，所以取信于臣民也。今亲王，朕授之以宝，合设官以掌之。今特命尔某为某府典宝（正、副）。尔尚恪勤乃心，日奉勿怠，敬哉！[1]

如《命功臣祀岳镇海渎敕》：

朕闻天生民而立君，君为民而立命，所以谨百神之祀，乃国之先务也。朕与卿等当群雄角逐之时，战胜攻取，非上天后土眷命、岳镇海渎之效灵，安能如是？今者新秋载迩，岳镇海渎之祀，理当报谢。古者君狩方隅，诣祠而祭，朕为新造邦基，民生方始，未获亲往。特命卿等代朕以行，奉牺牲祝帛于神所。故兹敕谕汝往，钦哉！[2]

第六节　册

册，中国帝王诏令文书之一，用以册封王宫后妃及祝告天地宗庙。册，原为策，用竹简所写。单一为简，多简连续为策。

册书起源于周代的策命。《周礼》有“凡命诸侯及公卿、大夫，则策命之”的记载。秦废不用。汉定策书为诏令文书之一，为教令于上、驱策诸下之意，用以任免诸侯、王、三公。策书长短不一，如命封的册书，用长二尺或一尺，或一长一短的竹简两编，文字用篆书。罢免官员的策书，则用一尺长的木简一块，分两行写，文字用隶书。策文首称“某年某月某日皇帝使某官某庙

1　《明太祖文集》卷九。

2　《明太祖文集》卷六。

立某为某”，末尾用四字一句的警戒之词。魏以后改策为册，多以金玉为制作材料。隋制，封拜哀诔及赠谥用册。唐代立皇后、皇太子，封诸王，均用册书。宋代除沿用唐制外，封拜三司、三公、三省长官，亦用册书。

明代册立皇后、皇太子，封王、妃，上尊号、徽号，亦沿用册书。册立皇后用金册。如洪武元年正月初四日册封皇后，其文如下：

> 天眷我家，启运兴王。出自衡门，尊居宫殿。为君为后，可不慎欤！君以仁政慎于正位，抚兆庶而统万邦。后以懿德慎于治内，表六宫而母天下，长久远之道也。咨尔马氏，同勤劳于开创之时，由家成国，内助良多。今遣中书丞相善长，捧金册金宝，立尔为皇后。其敬乃职，遵古道，耿光后世。於乎戒之！[1]

第七节　谕

谕旨，中国帝王诏令文书之一，为皇帝日常处理军政事务所发布的命令、指示的统称。谕和旨原为两种文书。谕告为以上告下的通称，君臣都可以用。《左传》载有周天子谕告诸侯之词。《宋史·职官志》记载，官吏用榜谕以告谕人民，皇帝作戒辞以谕百官。旨是意志的意思。唐代百官有事奏请，依皇帝旨意起草公文以覆奏请之，称敕旨。宋时君相所布的命令叫圣旨、钧旨，太守以下所布命令叫台旨。以后，凡“旨”字冠以“圣”字，便成为皇帝诏令的专称了。臣下再不敢袭用旨字，抗旨即不法。

1 《明集礼》卷一九。

明代沿历代的制度，谕旨是皇帝处理军政事务和批阅奏章的主要文书。

第八节　书

书多用于庆贺、酬答诗文，或劝导交战的对方。

如朱元璋《与元臣图噜书》：

大明皇帝记问元臣图噜曰：上古君天下及名世者，至今历数兴亡，又非止一人。前者元失其驭，群盗暴作。尔元君昏臣权，终不能定。朕乃平之，以致更元社稷，鼎治黔黎。今已七年，中国颇安。且曩者兵戍北塞，遣将安边，不期耿指挥好杀贪污，是致同人而异志，乃有小实罕等畏死北往，实朕用人不当，非来归者不诚。今耿指挥累受刑责，法尚未已，尔诸人还曾知否？只此可见朕之本情何如。昔者，朕被妖人逼起山野，不过匹马单戈，那有百万之众？今也诸番入贡，朕擅中国之富，戍兵百万，军民乐用。以此观之，朕非诚可动神人乎！尔聪明宜详审达者，识之天命有归，人不强违，此顺天者也。今遣使记问，余不多及。[1]

第九节　檄

檄为皇帝进行军事动员、征讨敌人使用的文书。

吴元年十二月，朱元璋命徐达、常遇春等率大军北伐，于北伐的第三天颁布了北伐檄文：

1 《明太祖文集》卷五。

自古帝王临御天下，皆中国居内以制夷狄，夷狄居外以奉中国，未闻以夷狄居中国而制天下也。自宋祚倾移，元以北夷入主中国，四海内外，罔不臣服。此岂人力，实乃天授！彼时君明臣良，足以纲维天下，然达人志士，尚有冠履倒置之叹。自是以后，元之臣子，不遵祖训，废坏纲常，有如大德废长立幼，泰定以臣弑君，天历以弟鸩兄。至于弟收兄妻，子烝父妾，上下相习，恬不为怪。其于父子君臣夫妇长幼之伦，渎乱甚矣！夫人君者，斯民之宗主；朝廷者，天下之根本；礼义者，御世之大防。其所为如彼，岂可为训于天下后世哉！

及其后嗣沉荒，失君臣之道，又加以宰相专权，宪台抱怨，有司毒虐，于是人心离叛，天下兵起，使我中国之民，死者肝脑涂地，生者骨肉不相保。虽因人事所致，实天厌其德而弃之之时也。古云胡虏无百年之运，验之今日，信乎不谬！

当此之时，天运循环，中原气盛，亿兆之中，当降生圣人，驱逐胡虏，恢复中华，立纲陈纪，救济斯民。今一纪于兹，未闻有济世安民者，徒使尔等战战兢兢，处于朝秦暮楚之地，诚可矜悯！

方今河、洛、关、陕，虽有数雄：忘中国祖宗之姓，反就胡虏禽兽之名，以为美称，假元号以济私，恃有众以要君，凭陵跋扈，遥制朝权，此河洛之徒也；或众少力微，阻兵据险，贿诱名爵，志在养力，以俟衅隙，此关陕之人也。二者其始皆以捕妖人为名，乃得兵权。乃妖人既灭，兵权已得，志骄气盈，无复尊主庇民之意，互相吞噬，反为生民之巨害，皆非华夏之主也。

予本淮右布衣，因天下乱，为众所推，率师渡江，居金陵形势之地，得长江天堑之险，今十有三年。西抵巴蜀，东连沧海，南控闽越。湖、湘、汉、沔，两淮、徐、邳，皆入版图。奄及南方，尽为我有。民稍安，食稍足，兵稍精，控弦执矢，目视我中原之民，久无所主，深用疚心。予恭承天命，罔敢自安，方欲遣兵北逐群虏，拯生民于涂炭，复汉官之威仪。虑民人未知，反为我仇，挈家北走，陷溺尤深，故先谕告：兵至，民人勿避。予号令严肃，无秋毫之犯。归我者永安于中华，背我者自窜于塞外。盖我中国之民，天必命我中国之人以安之，夷狄何得而治哉！予恐中土久污膻腥，生民扰扰，故率群雄奋力廓清，志在逐胡虏、除暴乱，使民皆得其所，雪中国之耻。尔民其体之。如蒙古、色目，虽非华夏族类，然同生天地之间，有能知礼义，愿为臣民者，与中夏之民抚养无异。故兹告谕，想宜知悉。[1]

第十节　铁券

铁券，亦称铁契，汉代帝王颁赐功臣、授以优遇和免罪特权的凭证文书，沿用至明代。

明代使用铁券，始于明初洪武三年大封功臣：

其制如瓦，分为七等。公二等：一高一尺，广一尺六寸五分；一高九寸五分，广一尺六寸。侯三等：一高九寸，广一尺五寸五分；一高八寸五分，广一尺五寸；一高八寸，广一尺四寸五分。伯二等：一高七寸五分，广一尺三寸五分；一高六寸五分，广一尺二寸五分。外刻履历、恩数之详，以记其功；中铸免罪、减禄之数，以防其过。字嵌以金。凡九十七副，各分左右。左颁功臣，右藏内府，有故则合之，以

1　《明太祖文集》卷一。

取信焉。三年，大封功臣，公六人，侯二十八人。[1]

洪武二十五年，改制铁券，赐公、侯八家。永乐初，靖难有功之臣亦赐铁券。

铁券面刻诰文，背镌免罪减禄之数，字嵌以金。为左、右各一面，合以字号。洪武二十六年定，公侯伯袭封铁券，行下宝源局，依式打造。所用铜铁、木炭，于丁字库抽分竹木局关支。如遇完备，进赴内府镌嵌。

现存于世的明代铁券，一为明英宗天顺二年赐高阳伯李文的铁券[2]，二为明宪宗成化年间颁赐保国公朱永的铁券[3]。

1 《明史》卷六八。

2 现存青海省档案馆。

3 现存中国第一历史档案馆。

第六章　明代臣僚奏疏的格式及处理制度

奏疏是中国古代官僚向帝王上奏的文书的统称。奏是进的意思，疏是通的意思。凡臣下向帝王上书言事，以疏通政情的，都可叫奏疏。它包括奏、章、表、驳议、启、笺、题等，都是上奏文书。

上奏文书制度，始于秦朝。秦以前，凡臣下言事于王，都称上书。秦统一六国，建立起君主专制的中央集权制封建国家后，为尊崇帝王，凡臣僚上书皇帝，一律称奏。此后，奏便成为臣僚上书帝王的专用文书。《文心雕龙》载，秦以前“言事于王，皆称上书。秦初定制，改书曰奏”。到了两汉时期，随着封建国家政务的日益增加，臣僚报告政务文书的种类也相应增加，除了奏以外还有章、表、驳议三种。

章，又称上章，是大臣被封赠后向皇帝谢恩的文书。后汉时，臣僚对皇帝的谏议及庆贺，也偶尔用章。章首称“稽首上书谢恩陈事”，末称“臣某顿首死罪”。

表，为大臣向皇帝陈情的文书。自东汉以后，凡议谏、劝请、陈乞、进献、推荐、庆贺、慰安、讼理、弹劾等，都用表，与奏同为进言陈事的文书。唐至明清两代，表文只用于陈谢、庆贺和进献方面的事情。汉代表文的程式：首称“臣某言”，末称“臣等诚惶诚恐，顿首顿首，死罪死罪”。明清两代的表文程式：首称

“某王某臣，诚欢诚忭，稽首顿首上言，伏以云云”，然后称“臣等无任瞻天仰圣，踊跃欢忭之至。谨奉表称贺以闻”，最后书“某年月日，臣某某”。

驳议，为臣僚对某些重大政事有不同意见时，向皇帝陈述的文书。驳议的程式：首称“某官臣某议以为如是”，或“臣某愚死罪”，或“臣某戆议异”。

另外，汉代还有一种公文——状，也是臣僚上奏文书之一种，多为察举官吏时列其罪状或才能时使用。

秦汉时期，不光确立了上奏文书的种类和程式，还规定了文书的用印及避讳制度。凡文书中遇到帝王的名字，要予以回避；遇“皇帝”“王”字样，要抬写，等等。

魏晋南北朝时期，上奏文书除沿用秦汉时期的章、奏、表、驳议之外，又增加了启和笺两种。自晋以后，启文普遍用于大臣向皇帝陈述事情，与表、奏相类似。臣僚上给皇后、太子、诸王的文书，则称为笺。

隋、唐、宋时期，随着社会经济、政治的发展和国家机关的完善，上奏文书制度也进一步发展和规范。臣僚上奏文书统称为表和状。大臣给皇太子的文书称笺或启。唐宋时期，上奏文书普遍采用一文一事的制度，将奏文的主要内容及日月、道理、摘要写于封皮或文书之前，时称“引黄”，以便阅览。上奏文书的形式，由以前的卷轴改为折叠式。对奏疏的程式、用词及文字，也都有严格的规定。

到了元朝，臣僚上奏文书有奏、启和表章：给皇帝用奏，给皇太子用启。向皇帝庆贺圣寿、元旦等节日时，使用表章。

明朝是继元朝之后由汉族统治者建立的统一的大帝国。它的奏疏制度，基本上是继汉唐等历代奏疏之制，而适时加以改革。明朝臣僚主要奏疏文种有奏本、启本、题本、表文、笺文，以及各类文册。《明史》卷七二《职官志》载：“下之达上，曰题，曰奏，曰表，曰讲章，曰书状，曰文册，曰揭帖，曰制对，曰露布，曰译，皆审署申覆而修画焉，平允乃行之。”这是指内阁职能范围内上奏皇帝的文书。

明朝开国初期，“臣民具疏上于朝廷者为奏本”[1]。洪武九年，“颁建言格式，使言者直陈得失，无事繁文”。洪武十五年，“令军事建言者，所司用印实封入递奏闻。本人不必入京”。永乐九年，“令凡有利国利民之事，不拘百工技艺之人，皆许具实敷奏”[2]。

启本，为臣民向皇太子和诸王言事所用。永乐六年七月，“令礼部自今后诸司庶务启事东宫处分者，则书‘太子令旨’。其承受于亲王者，书‘王令旨’，着为定例”[3]。

题本，明代臣工向皇帝报告政务的文书之一。明初臣民上疏言事，只用奏本。以后在京诸司以奏本不方便，“凡公事用题本，其制比奏、启本略小而字稍大”。永乐二十二年，“令诸司有急切机务不得面陈者，许具题本投进。若诉私事、丐私恩者，不许”[4]。从此，臣僚上书皇帝，公事用题本，私事用奏本。公题私奏制度，历经明朝，又沿用到清代中期，直至乾隆十三年才被废止。

题本最初主要是京城官员陈奏公事的文书，其式样比奏本、启本小，而字较大。嘉靖时规定奏本和题本的字样大小相似，京内京外的一切公事都用题本。[5]即有关钱粮、兵马、弹劾、刑名等公务都用题本，必须盖上官员的印信。奏本不须用印，署名即可。

正德《明会典》卷七五载：

1　弘治《明会典》卷七六。

2　以上见弘治《明会典》卷七九。

3　《国朝典汇》卷一一〇。

4　弘治《明会典》卷七六。

5　弘治《明会典》卷二一二。

奏启本格式

国初定制，臣民具疏上于朝廷者为奏本，东宫者为启本，皆细字。后在京诸司以奏本不便，凡公事用题本。其制比奏启本略小，而字稍大，皆有格式。今列于后。

洪武礼制

某衙门某官臣姓某等谨奏，为某事，备事由（云云）。今将原发事由，照行事理，备细开坐，谨具奏闻。某事（云云）缘由毕，前件事理议拟依某律科断施行。某事（云云）缘由毕，前件（云云）伏候敕旨。如有勾问职官或支拨钱粮之类，则依此式写。已上某字起，至某字止，计字若干，纸几张。右谨奏闻。如一事奏请，则于此下写“伏候敕旨，谨奏”。

洪武年（印）月日，某衙门某官臣姓某，官臣姓某，年月日下，止列见在某官臣姓，佥名，不得于背后书字。或有差故缺员者，不必列衔。

某衙门某官臣姓某谨奏，为雨泽事，据某人状呈，洪武几年几月几日某时几刻下雨，至某时几刻止，入土几分，谨具奏闻。已上“为雨泽事”起，至“入土几分”止，计字若干个，纸几张。右谨奏闻。

洪武年月日，列衔如前式。启本同此式，但“奏”字写作“启”字。若有请，则“敕旨”字写作“令旨”。余皆同。

题本格式

某衙门某官等谨题，为某事，备事由（云云），谨题请旨。如不用请旨，止云“谨具题知”。余同。

事例

洪武十五年定，凡奏启本内官员，正面真谨佥名。当该吏典，于纸背书名画字。如有事故官员，不许写列空衔。年月及正面上，俱用印信，毋致漏失。

又六部等衙门，凡差人有事公干所在府州县，止是具奏启本，付差去人回还复命，赴当该衙门发落。批解官物者，令承批人赍批径赴该部交纳，不许泛滥径申。

永乐十年定，凡诸衙门于皇太子前具启，或敬奉过事件，其本内及行移文书内，止许云写启奉敬奉令旨，或止云敬依敬蒙，及启准具启外字样。

二十二年，令诸司有急切机务不得面陈者，许具题本投进。若诉私事、丐私恩者，不许。

奏本的程式，万历《明会典》卷七六载：

奏本，每幅六行，一行二十四格，抬头二字，平行写二十二字。头行衙门官衔，或生儒吏典军民灶匠籍贯姓名。疏、密俱作一行书写，不限字数。“右谨奏闻”四字，“右”字平行，“谨”字、“奏”字各隔二字，“闻”字过幅第一行抬头。计纸字在“右谨奏闻”前一行，与“谨”字平行差小。年月下疏密同前。若有连名，挨次俱照六行书写。

明初，臣民的奏疏一般通过通政使司转皇帝拆阅，也有直接封进御前处理的。以后内阁成立，大学士只是参与机务，以备顾问。正统元年，时年九岁的明英宗即位，没有阅览奏疏、独断政务的能力，朝政大权遂由皇太后操纵。而皇太后怕担专擅之名，遂开始把题奏本章汇送内阁，令大学士先提出初步处理意见，并将这些意见标写在另一纸签上（时称“票签”），然后与该题奏本章一同送皇太后定夺。[1]这就是在明清两朝沿用了470年的票拟制度。

内阁之中，以首辅权力最大，一般票拟权都由首辅独揽。若

1　《春明梦余录》卷二三。

他人代笔，也须经过首辅的删定与认可。

内阁票拟后，转呈或面呈皇帝，由皇帝朱批或司礼监秉笔太监代为批红后，再由文书房交内阁依式誊录，最后交六科稽核，发抄有关衙门执行。

明末，政治昏暗，宦官窃权，臣僚奏疏票拟批答之权，逐步被操纵在宦官手中。据《酌中志》卷一三讲，凡每日通政使司封本到文书房，即由掌文书中官拆开，进行文书登记。令捧匣者送至乾清宫大殿，送王体乾、梁栋等分投互看。凡有紧要处，即钤阔一寸白纸条，复于本上空纸处，用指甲掐一痕，然后关白魏忠贤商处。每日阁中封来票本，亦由文书房拆开，呈体乾等分投互看，如有不合魏忠贤意应改者，或称颂魏忠贤应出温旨者，亦各钤纸条、掐痕为记。以上通本、票本乃昼间事，惟会极门封本，虽众官大殿看过，尚恐未遍未详。捧匣者又自日落为始，先后到王体乾、魏忠贤等直房，一一细查，直至夜间二三更始完。然后捧匣者再将文书呈还文书房。比至天将明，将每晨奏先帝览文书时，魏忠贤等先将应处、应点姓名及应改票帖，俱托王体乾口奏，曰：万岁爷，某系门户，该处某票某字当改。

刘若愚万历二十九年入宫，隶司礼监太监陈矩名下，后升为司礼写字奉御，再升为监丞。天启初年，魏忠贤擅政时，派刘在内直书房经管文书。崇祯二年定魏忠贤党逆案中，刘被处斩监候。在幽禁悲愤中，刘撰写《酌中志》以申冤，之后终于被释免。《酌中志》详细记述了万历至崇祯初年的宫廷事迹，是一部比较翔实可信的著作。

“表”为表明之意。到了汉朝，臣下向皇帝陈情进言用表文。东汉以后，凡议谏、劝请、陈乞、进献、推荐、庆贺、慰安、讼理、弹劾等，都用表文，如诸葛亮的《出师表》、李密的《陈情表》等。唐宋以后，表文只用于陈谢、庆贺、进献方面的事情。六朝时，凡国家有大庆典，臣下进文祝贺，称贺表，文尚骈体。

元代，每遇皇帝生日、元旦，五品以上官员才能进表恭贺，称表章。

明代庆贺文书，除表文以外，又增加笺文一种。凡元旦、万寿、冬至等节日，内外臣工须具表、笺以庆贺——上贺皇帝、皇太后用表，上贺皇后用笺。另外，凡实录、圣训、会典等重要书籍修成后，总裁官照例具表进呈。

笺文始于东汉，称为笺奏或笺记。魏晋时期，上皇后、太子、诸王，多用笺文。唐宋时期，仅臣僚上皇太子的文书用笺文。

明制，凡皇帝万寿圣节、元旦、冬至三大节，中外官员上贺皇帝用表文，上贺中宫、东宫等用笺文。洪武时规定，凡表、笺文字，散文，不许循习四六旧体，务要言词典雅。表用黄纸，笺用红纸为函，外用夹板夹护呈进。表、笺文书皆有一定的格式。

正德《明会典》载：

表笺

诸司职掌

一，天寿圣节，在外五品以上衙门，止进表文一通。正旦、冬至拜进皇帝表文、中宫笺文、东宫笺文各一通。在外各王府，并各布政司、按察司及直隶府州表笺，俱各差官赍进礼部。各州表笺进于各府，各府进于布政司。其余五品以上衙门隶布政司者，亦进于布政司。布政司差官类进礼部。其各都司及直隶卫所，差官赍进五军都督府。至日，礼部官以各处所进表笺目，通类奏闻。

洪武礼制

一，凡表笺，止作散文，不许循习四六旧体。务要言词典雅，不犯应合回避凶恶字样。仍用朱笔圈点句读。表用黄纸，笺用红纸为函，外用夹板夹护拜进。并依见行仪式。

表笺式

圣节、正旦、冬至群臣上表

洪武间定

某衙门某官臣某等诚欢诚忭稽首顿首上言，伏以天佑下民，四时序而风雨时，五谷熟而人民育。恭惟皇帝陛下承天受命，君师宇内。相以奠之，和以安之。是以克享天心，永膺宝历。大一统文明之治，开万载太平之基。臣某等幸遇明时，忻逢圣旦，心驰遥贺。仰紫宸而三祝，祈圣寿以齐天。无任瞻天仰圣，激切屏营之至，谨奉表称贺以闻。

某年某月某日某衙门某官臣某等谨上表。

圣节、正旦、冬至亲王上表

洪武间定

第某子某王某（今作某王臣某）诚欢诚忭稽首顿首上言，伏以皇天眷命，统驭万方。圣治神功，臣民欢戴。恭惟皇帝陛下缵承列圣，奉天勤民。是以本支繁盛，而宗社永安也。臣某恪守藩邦，忻逢圣旦（正旦、长至），心驰遥贺，敬仰紫宸。祝圣寿于万年，同天长而地久。无任瞻天仰圣，激切屏营之至，谨奉表称贺以闻。

某年某月某日第某子某王某谨上表

群臣谢恩表

洪武间定

某衙门某官臣某某年月日钦蒙（给赐某物、升授某职），谨奉表称谢者。臣某诚欢诚忭稽首顿首上言，伏以圣恩敷布，广大如天。凡在臣民，均沾雨露。恭惟皇帝陛下圣神文武，治同百王。春育海涵，兆民忻戴。是以天心永眷，而基业愈昌也。臣某等深蒙恩宠，补报是图。惟坚葵藿之诚，上祝万年之寿。无任瞻天仰圣，激切屏营之至，谨奉表称谢以闻。

太皇太后圣旦、正旦、冬至亲王上表

弘治初定

伏以天佑皇明，衍庆源于万世。位高宸极，溥德泽于八纮。臣庶欢忻，华夷仰戴。恭惟圣慈仁寿太皇太后陛下，睿知聪明，齐庄中正。同任姒之至圣，辅文武之治功。德化昭明，谋谟广大。是以宗社奠安，本支隆盛，而建家国天下悠久之福也。臣某叨守外邦，兹逢圣旦（正旦、长至），谨秉诚心，驰遥贺于九重，祝齐天之万寿。无任瞻天仰圣，激切屏营之至，谨奉表称贺以闻。

某年某月某日某王某谨上表

太皇太后圣旦、正旦、冬至群臣上表

成化间定

伏以运启皇明，德隆坤载。茂衍庆源之序，昭宣化理之基。中外腾欢，臣民仰戴。恭惟圣慈仁寿太皇太后陛下，齐庄贞静，中正仁慈。克相先圣，而续后之功益大。用兴圣嗣，而治平之道维新。光被八纮，祥开万世。是以诞膺天下之至养，而安享尊荣之多福也。臣某（叨守外邦，职守藩维）忻逢圣旦（正旦、长至），仰宫闱之深远，祝圣寿于久长。无任瞻仰，激切屏营之至，谨奉表称贺以闻。

皇太后寿旦、正旦、冬至亲王上表（群臣同）

弘治初定

伏以景运弘开，重熙累洽。实资坤德之懿，允开邦本之隆。海内臣民，不胜欢戴。恭惟皇太后陛下，聪明端淑，恭俭慈祥。夙赞理于宫闱，克迓承于天眷。遂启嗣统之瑞，聿兴致治之光。是以诞膺徽号，而享盛福于久远也。臣某（亲王、群臣注见前）忻逢令旦（正旦、长至），仰九重而拜贺，祝万寿以维期。无任瞻仰，激切屏营之至，谨奉表称贺以闻。

已上并用小字真书，其署名加小。表文前上面贴黄帖一方，如印大，帖下用印。黄帖上所书，如圣寿写“进贺圣寿表文”，正旦写“进贺正旦表文”，冬至写“进贺冬至表文”，谢恩写“进上谢恩表文”。末后年月日上亦用印。封皮上用黄帖，上所书如前。黄帖下用印，印下写具“官臣某上进谨封”，于“上进谨封”字上用印。副本用手本，小字真书，后年月日上用印。黄绫表褙袱匣。

中宫寿旦、正旦、冬至亲王上笺（群臣同）

宣德间定

伏以天眷圣明，万年盛业。中宫正治，协相洪猷。敬惟皇后殿下懋嗣徽音，弘昭令范。仁慈施于宫壸，懿德著于家邦。是以宗庙尊安，而本支蕃衍也。臣某（属籍、亲蕃、群臣见前）忻逢寿旦（正旦、长至），肃班行而敬拜，祝宝算以齐天。无任瞻仰，激切屏营之至，谨奉笺称贺以闻。

东宫千秋节、正旦、冬至亲王上笺

伏以天眷皇家，茂隆大本。前星协应，四海归心。敬惟皇太子殿下，天赐英姿，日新圣学。懋德祗承于谟烈，重明翊赞于治平。是以宗社尊安，臣民咸戴也。臣某奉守藩邦，忻逢诞辰（正旦、长至），仰春宫而称颂，祝寿算于千秋。无任瞻仰，激切屏营之至，谨奉笺称贺以闻。

东宫千秋节、正旦、冬至群臣上笺

伏以皇天眷佑，景运弘开。大本益隆，臣民忻戴。敬惟皇太子殿下，宽仁毓德，敬谨存心。嗣承万世之洪图，寅奉重熙之宝历。是以贞符协应，万邦永宁也。臣某等职守藩维，忻逢令节（正旦、长至），仰望前星，敬祝千秋之寿。无任瞻仰，激切屏营之至，谨奉笺称贺以闻。

已上书写、署名、印封皆与表同，但易笺文，并红帖红绫袱匣。

事例

洪武二十九年，以天下诸司所进表笺多务奇巧，词体骈俪，令翰林撰庆贺、谢恩表笺成式，颁于天下诸司。令凡遇庆贺、谢恩，则如式录进。

正统间奏准，凡表笺字画，俱用《洪武正韵》写进。

又令天下诸司进贺表笺，非职官不得遣。万寿圣节，三司堂上官自进。冬至等节，许差本司首领官及所属府州卫所佐贰官进。[1]

1　正德《明会典》卷七四。

第七章　明代中央和地方官署往来文书制度

中国官署往来文书，历史悠久，名目繁多。战国以前的各种公文，统称为书。秦汉以后，由于政务日益繁杂，文书的名称也越来越多。公文名称有源于文件载体的，如檄、牒、札、帖等。檄原是较长的木简，牒原是小的竹简，札为薄小的木简，帖原为帛制文书的标签，以后皆逐渐演变为文书的名称。文书名称也有由凭证物而得的，如符、牌。符为左右各半、合以为证的凭证物(如战国时国家调动军队的虎符)，牌为唐宋时使臣出差使用驿递马匹和其他物资的一种凭证物，以后演变为符文和牌文。还有更多的文书是用行为动词命名的，如指挥、移、关、刺、咨、照会、状、申、呈、详、验、禀等。

文书代表一个官署的地位和权力，行文必须反映出上下尊卑的秩序和礼制。所以，明朝在继承宋朝等历代行文体制的基础上，于洪武十五年制定了《行移往来事例》和《行移署押体式》，作为全国各文武衙门必须遵守的行文规定。

《行移署押体式》主要规定了官署文书的程式和每种文书的适用范围。《行移往来事例》规定了哪些衙门可直接行文，那些衙门须经别的衙门转行等。这两个条例的颁布和实施，防止了文移体式的混乱，加快了文书的有序运转，提高了文书施行的效率。

第一节　文书的种类

据《行移往来事例》规定，京内外文武各级官署、官员行移，按不同的行文对象，可分上行、平行、下行三种。

一　上行文书

上行文书用于对上级官员行文，文种有呈状、咨呈、申状、牒呈。

(一) 呈状

呈，进也。文以上进谓之呈文。宋有呈状，明代仍用呈状，为各下级官署和官员向上级官署和官员发出的文书，并有专门的格式。

文件以“某某官署为呈送事”开始，接着以“案查”二字引叙呈报的事由或请示的问题，后以“为此备文具呈，伏乞照呈施行。须至呈者”结束。文尾书写具呈年月日，并加盖官署印信。

(二) 咨呈

互不统属的衙门和官员之间，如地位相等，用平行文书。如地位不等，地位较低的衙门和官员向地位偏高的衙门和官员行文，用咨呈之类的文书。明朝规定，六部向五军都督府行文用咨呈，而五军都督府向六部行文用照会。

咨呈的程式：行文以“某某官署为咨呈事”开始，接着以“案准”二字引叙来文的主要内容，然后呈明办理或请示、答复的意见，后以“须至咨者”结束。文尾写“右咨呈某某官署”，并书明具文年月日，加盖官印。

(三) 申状

申，陈也，陈说事理。向上级表达叫申。申作公文名称始于宋代，当时叫申状。明沿宋制，亦叫申状，为官署上行文书之一。

申状的程式：以“某某官署为申送事”总括语开始，接着以“案奉”二字引叙来文的旨意，然后申达办理或请示、答复的意见，后以“须知申者”结束全文。文尾写“右申某某官署”，并书明具申年月日，加盖官印。

(四) 牒呈

牒作为公文名称，始于秦汉。宋时有敕牒、公牒。明沿宋制，牒呈为官署上行文书之一。

牒呈的程式：以“某某官署为牒呈事”开始，接叙事由缘起，然后叙明牒知的事情，后以“须至牒呈者”结束。文尾书明“牒呈某某官署”，具牒年月日，并加盖官署印信。

二 平行文书

平行文书用于级别相当的官员之间，有照会、咨文、平牒、关。

(一) 照会

照会有会同照阅之意。照会作为公文名称，始于明代，大都是不相隶属的文武各衙门之间行文时使用。凡五军都督府向六部、六部向各布政使司、都指挥使司向按察司、各布政使司向按察司，都用照会行文。[1]

照会的程式：以“某某官署为照会事”开始，接着用“案照”二字引叙事由缘起，然后叙明所照事由，后以“须至照会者”结束。末书“右照会某某官署”，具照年月日，并加盖官印。

(二) 咨文

咨是商量、咨询的意思。咨作为公文名，起源于宋。至明代，咨文成为最常见的中央平行衙署的平行文书之一。六部向都指挥

1 《明会典》卷七六。

司、六部之间，均可用咨文行文。[1]

咨文的程式：以“某某衙署为咨行事”开始，接着以“案奉”二字引叙事由，然后叙述所咨事情，后以“须至咨者”结束。末书“右咨某某官署”及具咨年月日，并加盖官印。

(三) 平牒

牒的名称，先秦时已出现。唐代上行文书称牒。宋时牒可作平行文书。明代改牒为平牒，为平行文书。五军都督府经历司向宗人府经历司可用牒文。而五军都督府经历司与六部主事厅之间可用牒文行文办事。[2]

牒文的程式：以“某某官署为咨会事”开始，接叙事由缘起，然后叙明牒知的事情，后以“须至谍者”结束。文尾书明“具牒某某官署”及具牒年月日，并加盖官署印信。

(四) 关

关为东汉末年地方官府之间相互行文用的平行文书，以后各代陆续沿用。明代各卫指挥使司及各府、州、县等分别对相应的平级官府行文时，使用关。

三　下行文书

明代对下级官员行文使用下行文书，种类有札付、帖文、故牒等。

(一) 札付

札，为古代写字用的小木片。札作为文书的名称，始于宋代。明代改称札付，为下行文书之一。一般是上级衙署向所属下级衙署发札付文书，如某军都督府向某卫指挥使司发札付。六部、各布政使司、各都指挥使司均可用札付向下级衙署行文。非所属下

1　《明会典》卷七六。

2　《明会典》卷七六。

级衙署，亦可用札付行文办事。[1]

札付的程式：以“某某衙门（或某某官员）为札饬事（或给札事）”开始，接着以“照得”或“某某案呈”引叙札饬的内容，后以“特”或“须至札者”结束。文尾书明具札年月日，并加盖官印。

（二）帖文

帖文是向品位很低的下级官署或官员使用的文书。应天府向州县衙，兵马指挥司向各县，各盐运司向州县等，均可下行帖文。[2]

（三）故牒

故牒是发往地位略低、不相统属的官署和官员的下行文书之一，如各护卫指挥使司“故牒各府”，直隶各府“故牒守御千户所”，各盐运司“故牒各府”，等等。

（四）牌

牌，原是凭物的名称，以后历代用为凭证文书。明代把牌刻成一定程式，板框刷印。所行文字直接写在牌面上，用为武官都司的下行文种，仍称信牌。板框宽40多厘米，高略过于宽，上刻“信牌”二大字。左上角大字刻文件责任者官府名称，稍右刻年月日，中间上方右编字号的左半字并盖有左半印，右半字号和半印留在文件责任者的发文底簿上。纸的右半空白作为书写文字之处。

第二节　明代中央和地方机构的文书处理程序

明代中央和地方机关，都设专门的文书工作机构。六部设司务厅，以管各部的文书工作。五军都督府设照磨所，专管文书的

1　《明会典》卷七六。
2　《明会典》卷七六。

收发、登记、检查和催办工作。明代地方机关分省、府（州）、县三级。各省设承宣布政使司、提刑按察使司、都指挥使司，以分别管理地方的民政、刑狱和军政。三司中都设有经历司和照磨所，以负责文书的收发、登记、催办等工作。省以下为府，长官为知府，负责文书工作的有经历、照磨、检校等官员。县级长官为知县，负责文书工作的有主簿、典吏等。

处理官署文书的程序一般如下。

第一，收文程序，如拆封登记、送批、批办、承办等。批办，由长官签署意见后，具体事情由办事人承办。

第二，发文程序：撰拟、核稿誊写、签押、盖印、申覆、注发、封发。发文的重要程序是签押，各级官员必须遵守《大明会典》中的《署押体式》。其中有照会式、咨呈式、平咨式、札付式、呈状式、申状式、平关式、牒呈式、平牒式、牒上式、故牒式、下帖式十二种。[1]

在文书拟写的过程中，形成了表示不同意思的符号，如：

“、”加在文中错别字的左边或直点在字上；

“丨”或“—`”加在错别字的右边，表示此字应重写；

“Ξ”加在错别字的右边，表示此字写重了；

“▼”和“Z”两种符号都表示前后字应颠倒；

“▲”和“Z”表示上下两字或两句应互换位置；

“√”表示字有脱落，添加在右边；

“o”或“○”表示涂抹错字；

“V”表示本段文字结束，以防他人在空白处添加文字。

这些符号的使用，节省了撰拟文书的时间，提高了行政效率。

奏本用《洪武正韵》的字体。黄册用细字，不准浮贴，错处须用印压盖。

---

1 见《大明会典》卷七五。

正德《明会典》卷七五记载诸司文移纸式：

（洪武）十年，奏定天下诸司文移纸式。凡奏本纸，高一尺三寸。一品二品衙门文移纸三等，皆高二尺五寸、长五尺为一等，四尺为一等，三尺为一等。案验纸二等，皆长二尺五寸、高一尺八寸为一等，二尺为一等。三品至五品文移纸高二尺、长三尺，案验纸高一尺八寸、长二尺五寸。六品七品衙门文移纸高一尺八寸、长二尺五寸，案验纸高一尺六寸、长二尺八寸。八品至九品与未入流衙门文移纸高一尺六寸、长二尺，案验纸高一尺四寸、长一尺八寸。官员任内公文，纸皆如式者，考为一最，不如式者罪之。[1]

规定公文用纸格式，便于分类和保管文书。

1 正德《明会典》卷七五。

第八章　明代文书的保密、稽查制度和违规文书的处罚

明朝统治者十分重视文书的保密工作。对于机密文书，实行密疏制度；凡皇帝密旨，用御前之宝封印；臣僚上奏的机密文书，也要密封进呈；军机文书不许六科发抄，等等。另外，对泄露军事机密及重要政情者处以重刑。如：

凡闻知朝廷及总兵、将军调兵讨袭外蕃及收捕反逆贼徒机密大事，而辄漏泄于敌人者，斩。若边将报到军情重事而漏泄者，杖一百，徒三年。仍以先传说者为首，传至者为从，减一等。

若私开司文书印封看视者，杖六十。事干军机重事者，以漏泄论。

若近侍官员漏泄机密重事于人者，斩。常事，杖一百，罢职不叙。[1]

洪武十五年正月建立了行移勘合制度——“以簿册合空纸之半，而编写字号，用内府关防印识之。右之半在册，左之半在纸。

1　正德《明会典》卷一二八。

册，付天下布政使司、都指挥使司及提邢按察司、直隶府州卫所收之；半印纸，藏于内府。凡五军都督府、六部、都察院有文移，则于内府领纸，填书所行之事，以下所司。所司以册合其字号，印、文相同则行之，谓之半印勘合，以防欺弊”[1]。

在中央，由通政使司负责公务勘合。“凡诸司公文，勘合辨验允当，编号注写，公文用‘日照之记’，勘合用‘验正之记’关防之。”[2]地方各衙门对于“诸司不凭勘合，擅接无勘合行移，及私与行移者，正官、首领官各凌迟处死，吏处斩”[3]。行移勘合制度的颁行与普遍应用，对防止中央和地方官属乱发文书、擅自行移起了一定的作用。但随着统治阶级日趋腐朽，勘合制度甚至沦为不法官吏用来敲诈勒索的工具。

照刷磨勘制度，是监察部门进行的，对文书档案工作的重要稽查手段。“凡监察御史并按察司分司，巡历去处，先行立案，令各该衙门抄案，从实取勘本衙门，并所属有印信衙门，合刷卷宗。”[4]监察人员要逐案照刷：如卷内无误，且已完结，则刷“照过”；如卷内无误而未完结者，则刷“通照”；如事可完而不完者，则刷“稽迟”；若已完而有违枉，则刷“失错”；若事当行而不行，有所规避，则刷“埋没”。

照刷时，还要检查案卷编制情况，以便改正各卷内“文案不立，月日颠倒”等的错误。这说明照刷文卷制度不仅是对官员处理政务的考核，而且是对文书档案工作的全面检查。

刷出结果以后，以三个月为限，勒令依式执行。然后，进行一次复查，称为磨勘。若没有依式执行，则要处以一定的刑罚。若隐瞒不报磨勘，也要依律处罚。

---

1 《明太祖实录》。

2 《明史·职官志二》。

3 《明典章》。

4 《明会典》卷二一〇。

《明律》中对“诈伪制书”“诈传诏旨”等，都处以严厉的刑罚。

第一，诈伪制书。

凡诈伪制书及增减者，皆斩。未施行者，绞。传写失错者，杖一百。诈伪将军、总兵官、五军都督府、六部、都察院、都指挥使司、内外各卫指挥使司、守御紧要隘口千户所文书，套画押字，盗用印信，及空纸用印者，皆绞。察院、布政司、按察司、府州县衙门者，杖一百，流三千里。其余衙门者，杖一百，徒三年。未施行者，各减一等。若有规避，事重者，从重论。

第二，诈传诏旨。

凡诈传诏旨者，斩。皇后懿旨、皇太子令旨、亲王令旨者，绞。若诈传一品二品衙门官言语，于各衙门分付公事，有所规避者，杖一百，徒三年。三品四品衙门官言语者，杖一百。以下衙门官言语者，杖八十。为从者，各减一等。若得财者，计赃以不枉法；因而动事曲法者，以枉法，各从重论。其当该官司，知而听行，各与同罪。不知者不坐。若各衙门追究钱粮，鞫问刑名公事，当该官吏将奏准合行事理，妄称奉旨追问者，斩。

第三，对制及奏事上书，诈不以实。

凡对制及奏事上书，诈不以实者，杖一百，徒三年。非密而妄言有密者，加一等。若奉制推按问事，报上不以实者，杖八十，徒二年。事重者，以出入罪论。

第四，伪造印信、历日等。

凡伪造诸衙门印信及历日、符验、夜巡铜牌、茶盐引者，斩。有能告捕者，官给赏银五十两。伪造关防印记者，杖一百，徒三年。告捕者，官给赏银三十两。为从，及知情行用者，各减一等。若造而未成者，各又减一等。其当该官司，知而听行，与同罪。不知者不坐。

《明律》中对文书档案工作的违规、违式、违限等，也有详细的处罚条例。

第一，奉制书有违。

凡奉制书，有所施行而违者，杖一百。违皇太子令旨者，同罪。违亲王令旨者，杖九十。失错旨意者，各减三等。

其稽缓制书及皇太子令旨者，一日笞五十，每一日加一等。罪止杖一百。稽缓亲王令旨者，各减一等。

第二，弃毁制书印信等。

凡弃毁制书及起马御宝圣旨，起船符验，若各衙门印信及夜巡铜牌者，斩。若弃毁官文书者，杖一百。有所规避者，从重论。事干军机钱粮者，绞。当该官吏知而不举，与犯人同罪。不知者不坐。误毁者，各减三等。其因水火盗贼毁失，有显迹者，不坐。

凡遗失制书、圣旨、符验、印信、巡牌者，杖九十，徒二年半。若官文书，杖七十。事干军机钱粮者，杖九十，徒二年半，俱停奉责寻。三十日得见者，免罪。

若主守官物，遗失簿书，以致钱粮数目错乱者，杖八十。

限内得见者，亦免罪。

其各衙门吏典考满替代者，明立案验，将原管文卷交付接管之人。违者，杖八十。首领官吏不候交割，符同给由者，罪亦如之。

第三，上书奏事犯讳。

凡上书，若奏事，误犯御名及庙讳者，杖八十。余文书误犯者，笞四十。若为名字触犯者，杖一百。其所犯御名及庙讳，声音相似，字样各别，及有二字止犯一字者，皆不坐罪。

若上书及奏事错误，当言原免而言不免，当言千石而言十石之类，有害于事者，杖六十。申六部错误，有害于事者，笞四十。其余衙门文书错误者，笞二十。若所申虽有错误而文案可行，不害于事者，勿论。

第四，事应奏不奏。

凡军官犯罪，应请旨而不请旨，及应论功上议而不上议，当该官吏处绞。

若文职有犯，应奏请而不奏请者，杖一百。有所规避，从重论。

若军务、钱粮、选法、制度、刑名、死罪、灾异，及事应奏而不奏者，杖八十。应申上而不申上者，笞四十。

若已奏已申，不待回报而辄施行者，并同不奏不申之罪。

其合奏公事，须要依律定拟，具写奏本。其奏事及当该官吏，佥书姓名，明白奏闻。若有规避增减紧关情节，朦胧奏准施行，已后因事发露，虽经年远，鞫问明白，斩。

若于亲临上司官处禀议公事，必先随事详陈可否，定拟禀说。若准拟者，上司置立印署文簿，附写略节缘由，令首领官吏书名画字，以凭稽考。若将不合行事务妄作禀准，及窥伺公务冗并，乘时朦胧禀说施行者，依诈传各衙门官员言语律科罪。有所规避者，从重论。

第五，出使不复命。

凡奉制敕出使不复命，干预他事者，杖一百。各衙门出使不复命，干预他事者，常事杖七十，军情重事杖一百。若越理犯分，侵人职掌行事，笞五十。

若回还后，三日不缴纳圣旨者，杖六十。每二日加一等，罪止杖一百。不缴纳符验者，笞四十。每三日加一等，罪止杖八十。

若有所规避者，各从重论。

第六，官文书稽程。

凡官文书稽程者，一日，吏典笞五（编者按：万历《大明会典》作“一”）十。三日加一等，罪止笞四十。首领官各减一等。若各衙门遇有所属申禀公事，随即详议可否，明白定夺回报。若当该官吏不与果决，含糊行移，互相推调，以致耽误公事者，杖八十。其所属将可行事件，不行区处，作疑申禀者，罪亦如之。其所行公事已果决行移，或有未绝，或不完者，自依官文书稽程论罪。

第七，关于照刷文卷。

凡照刷有司有印信衙门文卷，迟一宗二宗，吏典笞一十。

三宗至五宗，笞二十。每五宗加一等。罪止笞四十。府州县首领官，及仓库务场局所河泊等官，各减一等。

失错及漏报一宗，吏典笞二十。二宗三宗，笞三十。每三宗加一等。罪止笞五十。府州县首领官，及仓库务场局所河泊等官，各减一等。其府州县正官、巡检，一宗至五宗，罚俸钱一十日。每五宗加一等，罚止一月。

若钱粮埋没，刑名违枉等事，有所规避者，各从重论。

第八，关于磨勘卷宗。

凡磨勘出各衙门未完文卷，曾经监察御史、提刑按察司照刷驳问迟错，经隔一季之后，钱粮不行追征足备者，提调官吏，以未足之数十分为率，一分笞五十。每一分加一等，罪止杖一百。刑名造作等事，可完而不完，应改正而不改正者，笞四十。每一月加一等，罪止杖八十。受财者，计赃以枉法从重论。

若有隐漏不报磨勘者，一宗笞四十，每一宗加一等，罪止杖八十。事干钱粮者，一宗杖八十。每一宗加一等，罪止杖一百。有所规避者，从重论。

若官吏闻知事发，旋补文案，以避迟错者，钱粮计所增数，以虚出通关论。刑名等事，以增减官文书论。同僚若本管上司，知而不举，及符同作弊者，同罪。不知情及不同属文案者，不坐。

第九，同僚代判署文案。

凡应行官文书，而同僚官代判署者，杖八十。若因遗失文案而代者，加一等。若有增减出入，罪重者，从重论。

第十，增减官文书。

凡增减官文书者，杖六十。若有所规避，杖罪以上，各加本罪二等。罪止杖一百，流三千里。未施行者，各减一等。规避死罪者，依常律。其当该官吏，自有所避，增减文案者罪同。若增减以避迟错者，笞四十。

若行移文书，误将军马钱粮、刑名重事、紧关字样传写失错，而洗补改正者，吏典笞三十。首领官失于对同，减一等。干碍调拨军马，及供给边方军需钱粮数目者，首领官、吏典皆杖八十。若有规避，故改补者，以增减官文书论。未施行者，各减一等。因而失误军机者，无问故失，并斩。若无规避，及常行字样偶然误写者，皆勿论。[1]

1 以上参见正德《明会典》卷一二八。

第九章　明代的玺印制度

第一节　皇帝的宝玺

玺印是权力和地位的象征，皇帝和各级官署行文必须用其作为凭证。明代统治者十分重视宝玺的制作和使用。洪武元年，太祖欲制宝玺，有贾胡浮海献美玉一块，说“此出于阗，祖父相传，当为帝王宝玺”[1]。朱元璋很高兴，即召玉工验看，果然是一块良玉。于是下令用这块玉刻制了一方国宝、一件玉圭。洪武二年九月，又制作天子行宝、天子信宝、天子之宝、皇帝行宝、皇帝信宝、皇帝之宝六方御宝，以后又陆续制作一些宝玺。

终洪武一朝，共有宝玺十七方。《明史》卷六八载：

> 明初宝玺十七：其大者曰“皇帝奉天之宝”，曰“皇帝之宝”，曰“皇帝行宝”，曰“皇帝信宝”，曰“天子之宝”，曰“天子行宝”，曰“天子信宝”，曰“制诰之宝”，曰“敕命之宝”，曰“广运之宝”，曰“皇帝尊亲之宝”，曰“皇帝亲亲之宝”，曰“敬天勤民之宝”，又有“御前之宝”“表章经史之宝”及“钦文之玺”“丹符出验四方”。

1　《明史》卷六八。

嘉靖十八年新制七宝：奉天承运大明天子宝、大明受命之宝、巡狩天下之宝、垂训之宝、命德之宝、讨罪安民之宝、敕正万民之宝。加上洪武十七宝，共为二十四宝，成为定制。[1]

明代二十四宝是皇帝行使最高权力的征信和标志，其文不同，各有所用。祭祀天地用皇帝奉天之宝，册封、赐劳用皇帝行宝，上尊号用皇帝尊亲之宝，封赠一品至五品官员的诰命用制诰之宝，发给六品至九品官员敕命用敕命之宝，奖励臣工的谕旨用广运之宝，敕谕朝觐官员的谕旨用敬天勤民之宝。

第二节　百官印信

正德《明会典》卷七八载印信制度：

> 内阁，银印，直纽，方一寸七分，厚六分，玉箸篆文。
>
> 征西、镇朔、平羌、平蛮等将军，银印，虎纽，方三寸三分，厚九分，柳叶篆文。
>
> 宗人府、五军都督府，俱正一品，银印、三台，方三寸四分，厚一寸。
>
> 六部、都察院，并在外各都司，俱正二品，银印，三台，方三寸二分，厚八分。
>
> 衍圣公、张真人、中都留守司，俱正二品，各布政司，从二品，银印，二台，方三寸一分，厚七分。景泰三年赐衍圣公三台银印。
>
> 顺天、应天二府，俱正三品，银印，方二寸九分、厚六分五厘。

1 《明史》卷六八。

通政司、大理寺、太常寺、詹事府及京卫，并在外各按察司、各卫，俱正三品，苑马寺、宣慰司，俱从三品，铜印，方二寸七分，厚六分。

大仆寺光禄寺，并在外各盐运司，俱从三品，铜印，方二寸六分，厚五分五厘。

鸿胪寺，并在外各府，俱正四品。国子监，并在外宣抚司，俱从四品，铜印，方二寸五分，厚五分。

翰林院、左右春坊、尚宝司、钦天监、太医院、上林苑监、六部各司、宗人府经历司，并在外各王府长史司、各卫千户所，俱正五品。司经局、五府经历司，并在外招讨司、安抚司，俱从五品，铜印，方二寸四分，厚四分五厘。

在外各州，从五品，铜印，方二寸三分，厚四分。

都察院经历司、大理寺左右司、五城兵马司，大兴、宛平、上元、江宁各京县，及僧录司、道录司，并在外中都留守司经历司、断事司，各都司经历司、断事司，各卫百户所、长官司，及各王府审理所，俱正六品。光禄寺大官等署，并在外各布政司经历司、理问所，俱从六品，铜印，方二寸二分，厚三分五厘。

吏科等六科，行人司、通政司经历司、工部营缮所、太常寺典簿厅、上林苑监蕃育等署，并在外各按察司经历司、各县，俱正七品。中书舍人，顺天、应天府经历司，京卫经历司，光禄寺典簿厅，太仆寺詹事府各主簿厅，并在外各卫经历司、盐运司经历司、苑马寺主簿厅、宣慰司经历司，俱从七品，铜印，方二寸一分，厚三分。

户部、刑部、都察院各照磨所，兵部典牧所，国子监绳愆厅、博士厅、典簿厅，鸿胪寺钦天监各主簿厅，并在外各布政司照磨所、各府经历司，及各王府纪善、典宝、典膳、奉祀、良医、工正各所，宣抚司经历，俱正八从八品，铜印，方二寸，厚二分五厘。

刑部、都察院各司狱司，顺天、应天二府照磨所、司狱司，鸿胪寺司仪署、司宾署，国子监典籍厅，上林苑监典簿厅，内府宝钞等各库，御马仓草仓，会同馆，织染所，文思院，皮作局，颜料局，鞍辔局，宝源局，军器局，都税等司，教坊司，并在外留守司司狱司，各都司司狱司，各按察司照磨所司狱司，各府照磨所司狱司，及各王府长史司典簿厅、教授典仪所，各府卫儒学、税课司、阴阳学、医学、僧纲司、道纪司，及各巡检司，俱正九从九品，铜印，方一寸九分，厚二分二厘。

各州县儒学，仓库、驿递、闸坝批验所，抽分竹木局，河泊所，织染局，税课局，阴阳学，医学，僧道司，俱未入流铜条记，阔一寸三分，长二寸五分，厚二分一厘。

已上俱直纽，九叠篆文。

监察御史，铜印，直纽，有眼，方一寸五分，厚三分，八叠篆文。

总制、总督、巡按等项，并镇守公差等官，铜关防，直纽，阔一寸九分五厘，长二寸九分，厚三分，九叠篆文。

第三节　玺印的铸造管理与使用

礼部设有铸印局，设大使一人，副使二人，专管铸造印信，俱有定式。铸印局专管铸造印信。除了依照定式铸造各衙门印信以外，还负责改铸、销毁各衙门印信。凡内外各衙门印信，年久印面平乏、篆文模糊，许申知上司验实具奏，铸还新印。其旧印送上司付公差人缴部，最后还要送铸印局验看销毁。[1]

1　弘治《大明会典》卷七八。

明统治者对国宝的管理十分重视。“国初设符玺郎，正七品。后置尚宝司，正三品衙门，设卿、少卿、丞，职专宝玺符牌等事。洪武元年改五品衙门。”[1]明太祖朱元璋曾颁《尚宝卿诰》说：“宝乃乾符也，昔列圣握而统寰宇，故为神器，特谨以示信。然非忠勤无伪之士，安可职于尚宝者耶？今命尔某为朕尚宝某官，尔当宵昼慎恭，使事密而隐，机潜而深，方可周旋于左右。尔其敬哉！”

明朝对于国宝的使用亦十分重视，手续极为严格。凡诸王将军并文武官员诰敕等项写完，由尚宝司奏准用宝。“含用某宝，由本司（尚宝司）官同尚宝监官员于奉天门用。”[2]

另，正德《明会典》载：

> 凡各衙门勘合用尽，预编完某字号勘合并底簿用宝讫。勘合本司（尚宝司）收贮，底簿付尚宝监官缴进。
>
> 凡吏部选过文职，贴黄，三年一次。底簿，每年一次。本司奏请用宝。
>
> 凡兵部每年选过武职，贴黄，又每三年。清理武职大小贴黄簿，本司奏请用宝。
>
> 凡用御宝。俱预编某字号勘合一百道、底簿一扇，用尽再编。其勘合本司收贮，底簿付尚宝监缴进。
>
> ……
>
> 凡每年终，本司奏行钦天监择日洗宝。至期，尚宝监官关香物入水，捧宝于奉天门洗净，入匣。
>
> 凡每年终，本司具本年用过宝总数，于御前奏进。[3]

1　正德《明会典》卷一七五。
2　正德《明会典》卷一七五。
3　以上见正德《明会典》卷一七五。

明初在设尚宝司的同时，在大内还设有尚宝监。洪武十七年，尚宝监设尚宝监令一人，正七品，尚宝丞一人，从七品。

洪武二十八年，改设尚宝监太监一人，正四品，左、右少监各一人，从四品，左、右丞各一人，正五品，典簿一人，正六品。同时还配有长随、奉御等辅官，皆正六品。[1]

尚宝监官员都是宫内太监，主要负责传递宝玺、敕符、将军印信。尚宝监不保管宝玺、敕符、印信等，而是由司宝女官来保存。按规定，司宝女官不能与外朝的尚宝司官员接触，所以只能由尚宝监来传递宝玺。每当用宝时，尚宝司将揭帖送给尚宝监，由尚宝监请旨后再到内司领取御宝钤用。各衙门的勘合、底簿，御宝的随宝、洗宝、缴宝等行动，全在尚宝监监视之中，起到互相制约的作用。

司宝女官专门负责保管宝玺、印信。司宝女官设于明初，其隶属、职官常有更改。洪武二十七年定制：设司宝二人，正六品，典宝二人，正七品，掌宝二人，正八品，女史四人，负责保管御宝、符契、图籍。女官之职设，保留至明末。

明朝对印信收掌、使用中的违规者，私制、私用印信者，都予以严厉的惩处。正德《明会典》载：

> 封掌印信
>
> 凡内外各衙门印信，长官收掌。同僚佐贰官，用纸于印面上封记，俱各画字。若同僚佐贰官差故，许首领官封印。违者杖一百。[2]
>
> 漏使印信
>
> 凡各衙门行移出外文书漏使印信者，当该吏典，对同首领

1 《明史》卷七四。

2 正德《明会典》卷一二八。

官，并承发，各杖六十。全不用印者，各杖八十。干碍调拨军马、供给边方军需钱粮者，各杖一百。因而失误军机者，斩。[1]

……

擅用调兵印信

凡总兵将军，及各处都指挥使司印信，除调拨军马、办集军务、行移公文用使外，若擅出批帖、假公营私、照送物货者，首领官吏，各杖一百，罢职役不叙。正官奏闻区处。[2]

这些惩处规定，又见《大明律例》。

1　正德《明会典》卷一二八。
2　正德《明会典》卷一二八。

第十章　明代公文的驿递制度

在中国古代社会，公文步递者叫邮，马递者叫驿，通称邮驿。邮驿始于西周，秦汉时称邮亭，隋唐时称驿，元朝称驿站。元朝在全国设置了比较畅达的驿站 1383 处，与之相配套的还有急递铺，传递紧急公文。明因元制，邮驿制度更为完备。

洪武元年始设水马站及递运所，寻改站为驿。[1] 以后经过各代的增补损益，驿递制度日臻完善。《明会典》载：

> 自京师达于四方，设水马驿并递运所，以便公差人员往来。其间有军情重务，必给符验，以防诈伪。至于公文递送，又置铺舍，以免稽迟，及应役人等，各有事例。……
>
> 诸司职掌
>
> 凡天下水马驿、递运所，专一递送使客、飞报军情、转送军需等项，合用马驴、船车、人夫，必因地里要冲、偏僻，量宜设置。
>
> 马驿
>
> 诸司职掌

1 《国朝典汇》卷一六二。

凡马驿，设置马驴不等。如冲要去处，或设马八十匹、六十匹、三十匹。其余虽非冲要，亦系经行道路，或设马二十匹、十匹、五匹。……

一，各驿马匹须分上、中、下三等，马膊上悬挂小牌，明写等第，凭符应付。

一，各驿马夫，须置铜铃。遇有紧急公务，将悬带马上。前路驿分专一听候铃声，随即供应，不致妨误。

水驿

诸司职掌

凡水驿，设船不等。如使客通行正路，或设船二十只、十五只、十只。其分行偏路，亦设船七只、五只。大率每船该设水夫十名。[1]

计天下水马驿，南北直隶及各省共630余处。

《明会典》卷一二一载：

递运所

诸司职掌

凡递运所，设置船只不等。如六百料者，每只水夫十三名。五百料者，每只水夫十二名。四百料者，每只水夫十一名。三百料者，每只水夫十名。其水夫皆于五石以下粮户内点差。

一，每所设置车辆不等。如大车一辆、载米十石者，人夫三名，牛三头，布袋十条。小车一辆、载米三石者，人夫一名，牛一头。每夫一名，办牛一头，于十五石粮户内点充。

1　《明会典》卷一一九。

如无相应人户，许众户凑粮共当。

一，递运船只，俱用红油刷饰。每船置牌一面，开写本船字号料数，及水夫姓名、樯、柁、篙、橹、篷、索、铁猫、筏缆等项。一应浮动什物数目，常川悬挂，务要牌不离船，以凭点视。如是船只什物损坏缺少，即申合干有司，委官计料修补。

一，递到官物，所官验实物件斤重、担数多寡，随即计算船只料数，差拨装运。不许将前路运船越过递送其长押人员，不许索要过料船只，及多取水夫，夹带私己物货。所官亦不许徇情应付。[1]

计天下递运所，南北直隶及各省共约2828处。

《明会典》卷一二一载：

开设驿所

诸司职掌

凡新开地方，堪设驿分，递运所或旧设驿所相离窎远，往复不便，可以添设。须要差人踏勘明白，取勘彼处乡村市镇，画图贴说回报，验其里路，远近同，应设驿所船车马骡数目具奏，移咨工部盖造衙门。吏部铨官，礼部铸印，合用人夫，行移有司，照例佥点。

应合给驿

诸司职掌

一，赍擎诏旨制谕。

一，飞报军务重事。

一，奉特旨差遣给驿者。

1 《明会典》卷一二一。

一，亲王进贺表笺，及差官赍王奏本，赴京奏事。

一，钦差各部官、监察御史往各处追问等项，并带去问事人、监生、书吏人等，水路驿船，陆路驴匹。

一，公侯、驸马、都督将带从人一名。

符验

诸司职掌

凡在内公差人员，系军情重务及奉特旨差遣给驿，本部填给勘合。所差人员转赴内府关领符验，给驿前去。事完就便销缴。

急递铺

诸司职掌

凡十里设一铺，每铺设铺长一名。铺兵，要路十名，僻路或五名，或四名。……每铺设十二时日晷一个，以验时刻。铺门首置立牌门一座，并牌额全。常明灯烛一副，簿历二本。铺兵每名各置夹版一副，铃襻一副，缨枪一把，棍一条，回历一本。

一，递送公文，照依古法，一昼夜通一百刻，每三刻行一铺。昼夜须行三百里。但遇公文到铺，不问角数多少，须要随即递送，无分昼夜，鸣铃走递。前铺闻铃，铺司预先出铺交收，随即于封皮格眼内，填写时刻，该递铺兵姓名。速令铺兵用袱包裹，夹板拴系，赍小回历一本，急递至前铺交收。于回历上附写到铺时刻，以凭稽考，毋致停滞差迷。如是公文到来，不即递送，停积等待，因而失误事机者，问罪。

一，各州县于额设司吏内，选充铺长一名，专一巡点所辖铺分。督令各铺司兵，如法走递。亲临府州县提调官，常加检点。铺长失于整点，随即问罪。每月置立文簿，当该提调官署押。附写递过公文时刻、角数，以凭稽考。

一，无印信文字，不许入递。其各衙门，但有入递公文，须要坚厚好纸封裹，转递各铺，明白附历，于上开写并无破损，并不曾折动原封。但有磨擦破坏及折动原封者，就将来文封皮上，写记原递铺兵姓名递发，及将递来铺兵拘捉解官，有司即为追究。

一，铺舍损坏，什物不完，铺兵数少，及有老弱之人在铺当役者，有司提调官吏即便修理，佥点补替。

马快船

事例

洪武初，置江淮、济川二卫马快船，及南京锦衣等卫风快船，以备水军征进之用。既建北京，遂专以运送郊庙香币。上供品物、军需器仗，及听候差遣，俱属南京兵部掌管。……正统六年，令编排南京马快船，以五十号为一班，轮赴北京听用，半年一替。

应付马快船

事例

一，凡钦差内臣公侯伯出外公干，如操江镇守之类，应从水路者。

一，每年钦差公侯伯郎中等官，赴各王府册封者。

一，在京大臣以礼致仕，有旨驰驿还乡，及丁忧病故者。

一，袭封衍圣公、嗣教张真人，朝觐回还。

一，南京内外官进贡回还。

一，安南、日本等国使臣朝贡回还。[1]

1　参见正德《明会典》卷一二一。

《大明律》中，对邮驿事务制定了详细的稽查和处分条例。《明会典》卷一三八载：

邮驿

明律

递送公文

凡铺兵递送公文，昼夜须行三百里。稽留三刻，笞二十。每三刻，加一等。罪止笞五十。其公文到铺，不问角数多少，须要随即递送，不许等待后来文书。违者，铺司笞二十。

凡铺兵递送公文，若磨擦及破坏封皮，不动原封者，一角笞二十。每三角，加一等。罪止杖六十。若损坏公文一角，笞四十。每二角，加一等。罪止杖八十。若沉匿公文，及拆动原封者，一角杖六十。每一角，加一等。罪止杖一百。若事干军情机密文书，不拘角数，即杖一百。有所规避者，各从重论。其铺司不告举者，与犯人同罪。若已告举，而所在官司不即受理施行者，各减犯人罪二等。

凡各县铺长，专一于概管铺分，往来巡视。提调官吏，每月一次，亲临各铺刷勘。若失于检举者，通计公文稽留，及磨擦破坏封皮，不动原封，十件以上，铺长笞四十，提调吏典笞三十，官笞二十。若损坏及沉匿公文，若拆动原封者，与铺兵同罪，提调吏典减一等，官又减一等。府州提调官吏，失于检举者，各递减一等。

邀取实封公文

凡在外大小各衙门官，但有入递进呈实封公文至御前，而上司官令人于中途急递铺邀截取回者，不拘远近，从本铺铺司铺兵，赴所在官司告举，随即申呈上司，转达该部，追究得实，斩。其铺司铺兵，容隐不告举者，各杖一百。若已告举，而所在官司不即受理施行者，罪亦如之。若邀取实封至五军都督府、六部、察院公文者，各减二等。

铺舍损坏

凡急递铺舍损坏，不为修理，什物不完，铺兵数少，不为补置，及令老弱之人当役者，铺长笞五十。有司提调官吏，各笞四十。

私役铺兵

凡各衙门一应公差人员，不许差使铺兵，挑送官物，及私己行李。违者笞四十。每名计一日追雇工钱六十文入官。

驿使稽程

凡出使驰驿违限，常事一日笞二十。每三日，加一等。罪止杖六十。军情重事，加三等。因而失误军机者，斩。若各驿馆，故将好马藏匿，推故不即应付，以致违限者，对问明白，罪坐驿官。其遇水涨路道，阻碍经行者，不坐。若驿使承受官司文书，误不依题写去处，错去他所而违限者，减二等。事干军务者，不减。若由公文题写错者，罪坐题写之人，驿使不坐。

多乘驿马

凡出使人员，应乘驿船驿马数外多乘一船一马者，杖八十。每一船一马，加一等。若应乘驴而乘马，及应乘中等马、下等马，而勒要上等马者，杖七十。因而殴伤驿官者，各加一等。若驿官容情应付者，各减犯人罪一等。其应乘上等马，而驿官却与中等马、下等马者，罪坐驿官。本驿如无上等马者，勿论。若枉道驰驿，及经驿不换船马者，杖六十。因而走死驿马者，加一等，追偿马匹还官。其事非警急，不曾枉道，而走死驿马者，偿而不坐。若军情警急，及前驿无船马倒换者，不坐不偿。

多支廪给

凡出使人员多支廪给者，计赃以不枉法论。当该官吏与者，减一等。强取者，以枉法论。官吏不坐。

文书应给驿而不给

凡朝廷调遣军马，及报警急军务至边将，若边将及各衙门，飞报军情，诣朝廷文书，故不遣使给驿者，杖一百。因而失误军机者，斩。若进贺表笺，及赈救饥荒，申报灾异，取索军需之类，重事，故不遣使给驿者，杖八十。若常事不应给驿而故给驿者，笞四十。

公事应行稽程

凡公事有应起解官物，囚徒畜产，差人管送，而辄稽留，及事有期限而违者，一日笞二十。每三日，加一等。罪止笞五十。若起解军需随征供给，而管送违限者，各加二等。罪止杖一百。以致临敌缺乏，失误军机者，斩。若承差人，误不依题写去处，错去他所，以致违限者，减二等。事干军务者，不减。若由公文题写错者，罪坐题写之人，承差人不坐。

占宿驿舍上房

凡公差人员出外干办公事，占宿驿舍正厅上房者，笞五十。

乘驿马赍私物

凡出使人员应乘驿马，除随身衣仗外赍带私物者，十斤杖六十。每十斤，加一等。罪止杖一百。驿驴减一等。私物入官。

私役民夫抬轿

凡各衙门官吏及出使人员，役使人民抬轿者，杖六十。有司应付者，减一等。若豪富之家役使佃客抬轿者，罪亦如之。每名计一日追给雇工钱六十文。其民间妇女，若老疾之人，及出钱雇工者，不在禁限。

病故官家属还乡

凡军民官，在任以疾病故，家属无力，不能还乡者，所在官司差人管领，应付脚力，随程验口，官给行粮，递送还乡。违而不送者，杖六十。

承差转雇寄人

凡承差起解官物囚徒畜产，不亲管送，而雇人寄人代领送者，杖六十。因而损失官物畜产囚者，依律各从重论。受寄受雇人，各减一等。其同差人自相替放者，各笞四十。取材者，计赃以不枉法论。若事有损失者，亦依损失官物及失囚律追断，不在减等之限。

乘官畜产车船附私物

凡因公差应乘马牛驼骡驴者，除随身衣仗外，私驮物，不得过十斤。违者，五斤笞一十。每十斤，加一等。罪止杖六十。其乘车船者，私载物不得过三十斤。违者，十斤笞一十。每二十斤，加一等。罪止杖七十。家人随从者，皆不坐。若受寄私载他人物者，寄物之人同罪，其物并入官。当该官司，知而容纵者，与同罪。不知者不坐。若应合递运家小者，不在此限。

私借驿马

凡驿官，将驿马私自借用或转借与人，及借之者，各杖八十。驿驴减一等。验日追雇赁钱入官。若计雇赁钱重者，各坐赃论，加二等。[1]

1　正德《明会典》卷一三八。

第十一章　明代专门文档制度

在明代文档体系中，除了中央和各地方官署各类行政文书外，还有大量的专门文书档册。这些文档，门类庞杂，数量浩繁。现择要叙述文武官员文档、军民匠人户籍文档及赋役财经文档、科举考试文档、外交文书。

第一节　明代文武官吏文档

一　贴黄制度

贴黄是我国古代处理文书的制度之一。唐代诏敕文书有所更改时，用黄纸贴在上面，称贴黄。宋代于奏状意有未尽，则摘要别书于后，称引黄，亦称贴黄。叶梦得《石林燕语》卷三载："唐制，降敕有所更改，以纸贴之，谓之贴黄。盖敕书用黄纸，则贴者亦黄纸也。今（宋）奏状札子皆白纸，有意所未尽，揭其要处，以黄纸别书于后，乃谓之贴黄，盖失之矣。其表章略举事目与日月道理，见于前及封皮者，又谓之引黄。"

明朝晚期，政治腐败，臣工的奏章冗滥。朱由检即位后，励精图治，以期挽救大明江山。他亲自阅批奏章，十分勤政。但没过多久，他对阅读臣工长篇累牍的奏章感到厌倦，于是崇祯元年令内阁制定统一的贴黄格式，让臣工进呈奏章时将文书中心内容以百字左右概括起来，贴附于文尾，以供阅批。这种贴黄制度一直沿用到清朝。

《居易录》载："(明崇祯元年) 辅臣李文敏公（国楷）请章奏仿古贴黄之法，撮节要粘元本以进，至今因之。"

"按今制，通本有贴黄，若奏折不用贴黄。部本第于'该臣等看得'前虚一行耳。考贴黄者，贴黄绫一小方于表文之前上，书某表一通，至今正表因之，即道士上章式也。以撮要为贴黄者，乃别贴一纸于本末，不用黄也。"[1]

明代另一类贴黄分吏部贴黄和兵部贴黄，实际是明朝中央文武官员的人事档案。《明史·职官志一》载："凡百官迁除、降调，皆开写年甲、乡贯、出身。每岁十二月贴黄，春秋清黄，皆赴内府。"

《明太祖实录》载：

> (洪武四年正月) 命吏部月理贴黄。初，吏部以文武百职姓名、邑里及起身、历官、迁次月日，自省、府、部、寺既行省、府、州、县等衙门，皆分类细书于黄纸，贴置籍中，而用宝玺识之，谓之贴黄。有除拜、迁调，辄更贴其处。虽百职繁夥，而此法便于勾稽。然拜罢之数，则贴黄有未及改注更贴者，故命吏部月一更贴之。每岁终以其籍进贮于内库，遂为定制。[2]

《大明会典》载："每月终，稽勋司官吏，以除过官员，用黄

1 叶凤毛：《内阁小志》，沈云龙编《明清史料汇编》初集第6册。
2 《明太祖实录》卷六〇。

纸二，开注脚色，类奏用宝，送印绶监，分贴内外黄。春秋二季，司官赴内府清黄，续附转贴，其解官者开揭。”[1]这种贴黄，是在官员的籍贯、履历上，对于该官的升迁调补、奖惩抚恤，随时记录，以便对官员进行稽查、铃选和封赠。清代继承了这种贴黄制度，现存的官员履历卡便可证明。

明代兵部贴黄制度，正德《明会典》卷一〇七记载最详："国初置军职黄簿，以便稽考。永乐后委官清理，事例甚详。"

正德《明会典》卷一〇七记载写黄续黄制度：

凡除官，开写年籍、从军脚色，赴内府清理明白写黄。仍写内外贴黄，与正黄、关防走号合同，请宝钤记。正黄，送铜柜收贮。内外黄，各置文簿附贴，亦于内府收掌。遇有升调袭替官员，次日即具升转袭替缘由奏闻。贴揭续附。如有事故，亦须总为置簿，揭下附贴以凭稽考。[2]

亦记载定期清黄制度：

凡武职除授后，有升调袭替及降调减革等项，每三岁一次清理。以本部侍郎一员总其事，都御史一员主纠察，翰林院官一员主编纂。本部仍委主事一员管理，取拨监生办事官吏供用。将清黄之岁，预行在京卫所，在外各都司卫所，令各官具亲供申部，以凭清理。[3]

1　李东阳等：《大明会典》卷一一。
2　万历《明会典》卷一〇七。
3　万历《明会典》卷一〇七。

二　明代文武官吏的主要档簿

(一) 履历

明代铨选官员最重资格，资格则反映在出身和履历上。进士升迁最快，举人、贡生只能授小京官或府佐、教职，吏员升迁更慢。所谓“非进士不入翰林，非翰林不入内阁。南北礼部尚书、侍郎及吏部右侍郎，非翰林不任。……通计有明一代宰辅一百七十余人，由翰林者十九”[1]。

明朝的皇帝十分重视官员的出身履历档案。永乐、洪熙、宣德、正统等朝，尝令吏兵二部书各都司、布政司、按察司官员的姓名、履历，揭于武英殿南廊或奉天门西厅、文华殿西壁，“以备观览”[2]。“每当大选，必录选人姓名，开具上注御屏，迁辄更注。欲上时时经览，以注意人才。”[3]

(二) 资簿

资簿又称宦籍，系官员的简历，是明代文官迁转的重要材料之一。“每官各具一单，填注籍贯、年岁、除授月日，粘于簿上”，即资簿。另外还有考语，为上级鉴定材料，亦贴于簿上。遇有选官活动，须主动提供有司利用。

按规定，吏部文选清吏司设有揭帖科，设立考语簿 50 余本。“凡各官衔以类书于簿之上方，虚其下以粘考语单。遇有迁转，又揭粘于所迁官下。丁忧、事故则揭除之，别立一簿，仍备存记。新除外任官员即与填注籍贯、年岁、除授月日，粘归各簿。其两京大小官员，该科俱备造履历、脚色，存记查考，随有事故、升调，逐日揭查。”[4]

---

1 《明史》卷七〇《选举二》。

2 《仁宗实录》卷五上。《英宗实录》卷四二。《孝宗实录》卷一二。《武宗实录》卷六八。

3 《松窗梦语》卷一《宦游记》。

4 嘉靖《吏部职掌·文选清吏司·缺科·揭帖考语》。

（三）选簿

选簿为武职官员补选、袭替情况的登记簿册。

中国第一历史档案馆所藏明档《府军前卫选簿》中，记载府军前卫副千户王泰的材料：

王泰，副千户。外黄查有王虎山，渭南县人。洪熙元年，选充府军前卫右所军。正统四年选充夜不收，赴京奏事，陞小旗。德胜门外缉探达营声息有功，例陞二级。十一月，高崖口缉探达贼声息有功，陞总旗。景泰元年，以德胜门外功，止陞试百户，具告改。本年七月，改陞实授百户。代州杀贼，功陞本卫所副千户，调本卫右所补缺官事。

一辈王虎山，已载前黄。

二辈王通，旧选簿查有：成化十一年二月，王通，渭南人，系府军前卫右所副千户王虎山嫡长男，钦与世袭。

三辈王莺，旧选簿查有：弘治十五年九月，王莺，渭南人，系府军前卫右所故世袭副千户王通嫡长男。

四辈王泰，旧选簿查有：正德六年八月，王泰，年一岁，渭南县人，系府军前卫右所故副千户王莺嫡长男，钦与全俸优给，至正德十九年终住支。

第二节　明代的户籍鱼鳞图册及赋役黄册

洪武三年，明太祖命户部登记全国户口，置户籍、户帖，给予里甲人户。主要列户主姓名、贯址、所隶役籍（户主分三类：民户、军户、匠户，各以其业著籍）；其次开列全家口数，男子成丁、未成丁人数及其姓名、年龄，妇女大小口数及其姓名、年龄；再次开列户下事产，包括田地、山荡、房屋、船只、牛畜等项。一个户帖分两联，编以字号，骑缝处加盖户部印，称半印勘合。

一联给户主收执，一联存户部为户籍，以便编审赋役。[1]

在全国推行里甲制度的基础上，洪武十四年，诏令编制赋役黄册，以便征调赋役。因以黄纸为面，故名黄册。规定每百家画为一图（即编为一里），推丁多、粮多者若干人为里长、甲首，负责催办税粮。每里（110户）编为一册，册首类总为图，记载税粮户口之数。鳏寡孤独不任役者则在110户之外，列在图后，名曰畸零。册凡四：户部一本，所在司、府、县各一本。

鱼鳞图册，即明代地籍登记簿册。洪武元年，明太祖遣监生周铸等核浙西田亩，制鱼鳞图册。洪武十九年，复遣监生武淳等分行浙江及直隶（今江苏省、安徽省）、苏州等府，随粮定区，量度田地，编绘成图，以千字文为号，记录田地处所、面积、四至、形状、土质、等级及田主姓名、籍贯，类编为册。因田地形状极不规则，绘制图状如鱼鳞，故名鱼鳞图册。一州一县及一乡一都一里，均有鱼鳞图册。鱼鳞图册是官府掌握土地状况之根据，亦是官府承认民间土地所有权之法定形式，成为民间土地诉讼的根据。[2]洪武二十四年，又颁行编制黄册的格式，令各州县依式翻刻，发至各坊、乡，里长、甲首及各户。[3]

明初规定，黄册每十年编造一次。自洪武十四年至崇祯十五年的260年，凡攒造黄册27次。为了妥善保管与利用黄册，朱元璋在南京玄武湖中小岛上，专门修建了收藏黄册的库房，即后湖黄册库。嘉靖四十一年有册库547间，册架2174座。官吏不经批准，不许入库。各级衙门为查属下的军民户籍，只许调阅有关年份和项目，不得抄录全册。每逢大造黄册之年，派南京国子监监

---

1 《明史》卷七七《食货志一》。

2 《明史》卷七七。

3 以上见《明会要》卷二一、卷二二。

生来库进行核对。若发现新旧册籍间有矛盾或差错，即严令订正。为采光、防霉，黄册库库房均按东西方向建造，并定有晾晒、整理和警卫制度。明成祖迁都北京后，黄册库仍留南京，当时储存的黄册已多达170余万册。此外，各省、府、县亦设有专门储存本地区黄册的库房，名为架阁库。

第三节　科举考试文书档案

明代选用和培养人才，主要有四种方法：学校、科目、荐举和铨选。所谓“学校以教育之，科目以登进之，荐举以旁招之，铨选以布列之，天下人才尽于是矣”[1]。其中主要为科目，即科举考试。

设科举考试选拔人才，始于洪武三年。洪武十七年制定科目程式，命礼部颁行天下，遂为永制。明代的科目只设进士科，分为四级：州县的童试，取得秀才资格；省一级的乡试，取得举人资格；中央礼部的会试，取得考选进士资格；皇帝的复式，即廷试或殿试，取得预官资格。明代的科目，尚有武科一途，倡于洪武二十年，成制于成化十四年，主要考试马步技击及兵法。[2]

科举考试的主要文书有金榜、墨卷、朱卷等。金榜是殿试结果的榜示。明代的殿试一般在奉天殿举行。榜示分三甲：一甲三名，依次为状元、榜眼、探花，赐进士及第。一甲一般当即授官，状元授修撰，榜眼、探花授编修。[3]二甲若干名赐进士出身，也可直接授官。三甲若干名，赐同进士出身。三甲考庶吉士者，皆授翰林。[4]

1　《明史》卷六九。

2　参见《明史》卷六九、卷七〇。

3　《明史》卷七〇。

4　《明史》卷七〇。

墨卷，会试中考生的墨笔答卷。朱卷，明代会试中由专门誊录人抄录考生试卷而成的红色试卷。明代的会试实行誊录制度，考生的墨笔试卷必由专门的誊录人员抄成朱卷，才送给阅卷官评阅，以避免阅卷人认出考生的笔迹，从而作弊。[1]

进士题名碑，为表彰太学新科进士的碑刻，立于国子监。此制始于明初。历科进士多出太学，而戊辰年太学生亨泰廷对第一，明太祖诏国子监祭酒宋纳褒奖，并撰题名记，立石监门。辛未，许观亦如之，进士题名碑由此相继不绝。[2]

《明代登科录汇编》，台湾学生书局 1969 年出版，影印明刻本《明代史籍汇刊》而成。登科录是科举中榜人员的记录，其中详载了乡试、会试、殿试中中式人数、姓名、籍贯、年岁，以及考官以下职官姓名，并三场题目。是书汇集了遗留至今的各种登科录 66 种，是研究明代科举制度和考证人物传记的重要史料。

第四节　明代中外关系文档图籍

朱元璋称帝后，诏谕各方："昔帝王之治天下，凡日月所照，无有远迩，一视同仁。故中国奠安，四方得所，非有意于臣服之也。"[3]他还依四邻对华态度，分其为"不征之国"和"谨防之国"。不征之国有朝鲜、日本、琉球、安南、真腊（今柬埔寨）、苏门答腊、三佛齐、渤泥（今加里曼丹岛北部）等 15 国。不征之国即不用武力征服的国家，并且载入《皇明祖训》，郑重告诫后世子孙："吾恐后世子孙，倚中国富强，贪一时战功，无故兴兵，致伤人命，切记不可！"这样，明朝在建国伊始便制定了与各国和

1 《明史》卷七〇。
2 《明史》卷六九。
3 《明太祖实录》卷七一。

平友好相处的国策。

在明朝“中国奠安，四方得所”的和平国策的诏谕下，四边的藩属国家都表明愿意拥戴明朝，奉明朝正朔，并相继遣使进贡。先后有朝鲜、安南占城、琉球、吕宋、苏禄、真腊、暹罗（今泰国）等 30 多个国家与明王朝建立了封贡关系。

在长期的封贡活动中，形成了大量文书档案。各藩属国国王首次登位，必须遣使持表文来华请封。明帝照例要颁发诏书一道、敕谕一道，颁给该国王驼纽镀金银印一颗，并遣使前往册封。届时，要举行隆重的册封典礼。事后，受封国王还要遣使奉表谢恩。

各藩属国定期向明王朝进贡，一年、两年一贡或三年、五年一贡不等。贡使人数不等，贡物一般都是各国特产。明朝皇帝本着厚往薄来的原则，赏赐各国国王及贡使的物品，从数量、质量和价值上，都大大高于进贡的物品，以显示天朝的大方和富有。在进贡活动中形成的文书，有各国王的奏疏、贡单，明朝皇帝的诏谕、赏单，礼部及有关衙门的来往文移等。

明永乐时期，国家强盛统一，政治较为清明，社会稳定，政府采取了更为积极主动的对外政策。

永乐三年，朱棣派宦官郑和出使西洋，宣扬国威，各国来朝，发展朝贡贸易。从永乐三年到宣德五年，郑和先后七次下西洋，访问了亚非 30 多个国家和地区，最远到达非洲东海岸。船队所到之处，宣扬明王朝“共享和平之福”的外交政策，邀请各国遣使到中国朝贡，进行贸易。郑和出访后，各国纷纷向中国派遣使臣和商队。东南亚一些国家的国王，甚至亲自来中国访问，如渤泥、苏禄（今菲律宾苏禄群岛）、古麻剌郎（今菲律宾棉兰老岛）的国王。郑和七下西洋，促进了中国同亚非各国的经济文化交流，扩大了中国在亚非地区的影响。郑和七下西洋，比欧洲的大航海早了半个世纪。郑和团队为当时世界上最先进的船队，不仅规模庞大，人数众多，而且船的种类齐全，装备先进。它揭开了世界地理大航海时代的东方序幕，在十五世纪初期的人类文明发展历史上写下了光辉的篇章。

郑和七下西洋，历史遗存十分丰富，如苏州太仓刘家巷遗存，印尼爪哇三宝垅三宝庙郑和下西洋大型浮雕。斯里兰卡境内永乐七年郑和所立的石碑，碑文分别用中文、泰米尔文和波斯文三种文字写成。

文献图籍方面，除有关皇帝的谕旨、臣僚的奏疏及来往文移外，目前尚存《郑和航海图》和郑和使团重要成员马欢所著《瀛涯胜览》、费信所著《星槎胜览》、巩珍所著《西洋番国志》。此三书对郑和下西洋所访问的主要国家的情况，都有翔实、生动的记述。《郑和航海图》对太平洋、印度洋地区的地理知识，也有集中的反映。

此外还有彩绘绢本《大明混一图》，绘于明洪武二十二年，纵386厘米、横475厘米，是我国目前已知尺寸最大、年代最久、保存最好的世界地图，属国家珍贵文物。2000年，南非国民议会议长金瓦拉女士得知该图绘制有古代非洲的地形地貌，便恳请中国政府为南非复制此图。中国第一历史档案馆精心制作该图的仿真品，送往南非。该图证明，至少在欧洲人到达非洲的一百年前，中国就与非洲有交往关系。[1]

另有《赤道南北两总星图》，绘制于明崇祯七年，正本现存中国第一历史档案馆，系木印彩绘纸本，宫裱蓝绫，屏挂式，由八条幅纵向拼组而成。全图高200厘米，宽452厘米。该图由明礼部尚书徐光启主持测绘，由德国传教士汤若望设计，意大利传教士罗雅谷校订。许多钦天监的中国学者参与了制图工作。图中所使用的数据，继承了我国古代星图的内容，又吸收了欧洲当时天文学的成果，代表着当时东方星象学的最高水平。该图有两个副

1 《历史档案》2006年第1期。

本，一份存梵蒂冈图书馆，一份存法国国家图书馆。2014 年 5 月，该图入选《世界记忆亚太地区名录》。

新航路开辟后，葡萄牙人、西班牙人、荷兰人、英国人于 16 世纪相继由海路来到中国。佛郎机（今葡萄牙）于正德十二年遣皮雷斯来华，进贡方物。嘉靖三十二年，葡萄牙人入居澳门。万历三十二年，荷兰船来到广东香山澳。崇祯十五年，荷兰人占据台湾。明万历时，意大利人利玛窦来华，献《坤舆万国全图》。天主教传教士来华，还带来了西方新的科技知识和地理图籍。

16 世纪，耶稣会士来到中国。耶稣会是天主教的一支，成立于 1540 年，旨在维护教皇的权威，反对宗教改革。

嘉靖三十一年，耶稣会士方济各·沙勿略来到广东海域上的川岛，但未能进入内地。第一位进入内地的传教士罗明坚，也没有在基督教在华传教史上留下重大影响。真正为天主教在中国传播打开局面的，是意大利人利玛窦。

利玛窦早年受过神学、古典文学以及自然科学的训练，1578 年从葡萄牙里斯本出发，赴远东传教。1582 年，利玛窦到澳门，次年进入广东，经南昌、南京，辗转到北京。他取了一个中文名字利西泰，换上中国士大夫衣冠。他结交徐光启、李之藻、杨廷筠等著名士大夫，发展他们为教徒。他还结交王肯堂、程大约、李贽等文人，主张通过传授科学知识来吸引中国的士大夫。他从欧洲带来了三棱镜、自鸣钟、世界地图以及钢琴。利玛窦的《坤舆万国全图》，第一次使中国人看到了世界地图全貌。他还成功地在北京建起了一所天主教堂，即今北京南堂。

以利玛窦为代表的明末清初来华耶稣会士，向中国输入了西方的数学、地理学、天文学、物理学知识。他们带来的科学书籍，不少在徐光启、李之藻等人的协助下被译成中文。利玛窦与徐光启、李之藻合译过《几何原本》《圜容较义》。崇祯年间，传教士龙华民、汤若望等人还参与修订新历，编制《崇祯历书》。在西学东渐的同时，中国文化也开始传播到欧洲。四书五经等儒家经典，经传教士译成西方文字，对 18 世纪启蒙思想产生过深刻的影响。中国的科举制度，对西方近代文官铨选制度的建立，也具有重要的借鉴意义。

第十二章　明代的档案制度

第一节　明代档案工作的建立与发展

明朝开国皇帝朱元璋对元朝档案典籍的收集十分重视。洪武元年明军攻元大都时，朱元璋特诏令率军将领徐达、常遇春等，把元朝中央机关的“秘书监、国子监、太史院”的典籍，及“天文仪象、地理户口版籍、应用典故文字”等收集起来，以便今后治国理政时参考。又诏令“其或迷失散存在军民之间者，许赴官送纳”。[1]

洪武三年，朱元璋派李文忠率军到沙漠追缴元顺帝的后代时，李文忠也曾缴获很多档案文献，送京报捷。

之前，朱元璋在反元起义的战争中，也曾明令部下注意收集元朝的各项档案，并鼓励元朝将领携带档案图籍前来投降。至正十六年在与张士诚的交战中，张的将领梅思祖就曾献出淮安的各种档案文件来降。元登州守将董卓、辽东守将刘益、都都鲁在投降前交出其所辖地区的地图、档簿等。

元至正二十七年，元杭州守将谢五携带大批有关土地、人口、

1　《明太祖实录》卷三一。

兵马、钱粮等的档案文件来降。这些元朝档案，对反元战争的胜利及明初建国理政都起到了重要作用。

必须对搜集起来的档案文献进行整理，妥善保管，以便利用。洪武三年，朱元璋令中书省臣僚，“以天下户口钱粮之籍”，收入内库藏之。其天下城池、山川地理形胜，亦皆图以成书，藏之内库，以垂永远。[1]同时，朱元璋还命人在南京后湖筑台以藏天下兵册，欲避火灾。洪武八年，下令在中央增设六部官缺时要增加照磨所和管勾人员，以便管理档案。[2]

洪武二十四年八月，朱元璋令“置天下诸司架阁库，以庋案牍，仍设吏掌之”[3]，明朝地方衙门如省布政使司、按察使司及州、府、县等也都设置了架阁库。据统计，明朝有架阁库200余处，形成了全国性的档案管理网络。[4]

洪武二十九年，“置五军都督府照磨所，以掌文牍”[5]。这样，明朝中央文武衙门的档案机构都陆续建立起来。

第二节　明初加强档案工作的一些措施

一　全国土地和户籍档案的建立与稽查

洪武元年，朱元璋对中书省臣僚说：“兵革之余，郡县版籍多亡，田赋之制不能无增损。征敛失中，则百姓咨怨。今欲经理，以清其源，无使过制以病吾民。”[6]于是，诏遣周铸等164人，往浙西核实田亩。

1 《明太祖实录》卷四九。

2 《明太祖实录》卷二一一。

3 《明太祖实录》卷二一〇、卷二三一。

4 《古今图书集成·考工部》。

5 《明太祖实录》卷二四六。

6 《明太祖实录》卷二五、卷二二一。

洪武二十五年九月，又派监生潘文等 171 人到各布政使司“考核诸司案牍”。并规定官府对所保管的档案，“凡缺少者，浥烂者，悉数赔补，动至数十万。先后巡抚马中锡、邓璋……及管粮郎中、知州逮治数十，皆押赴本治责偿”。[1]

二 《敕谕授职到任须知》与榜文峻令

《敕谕授职到任须知》是明太祖规定的“入官之法”，开列祀神、田粮、制书榜文、印信、所属仓场库房、会计粮储等 31 项官员到任须知。其中，特别指出档案的验点工作：“凡新官到任，其先任首领官、六房吏典，限十日以里，将各房承管应有事务，逐一分豁，依式攒造文册，从实开报。”[2]并将已完、未完事件开列清楚。档案如有“损缺不存者，须要采访抄写，如法收贮”，并令“永为遵守”。[3]

洪武二十三年，又发榜文峻令，命所在布政司、都司如式备榜刊文：“红牌专字悬于公座之上，朝夕目击，所在咸知，毋违是令。”上刊圣旨曰：“今后敢有簿书不清，卷宗不明……前后错乱，字样差讹，杖一百，还役。若弃毁讹谬内务贴黄、户口黄册及弃毁钱粮、刑名、造作、孳牧草、供给军需军饷者，斩，家迁化外。”[4]

1 《明书》卷一五九。

2 万历《大明会典》卷九。

3 万历《大明会典》卷九。

4 《南京刑部志》卷三。

第十三章　明代档案的典藏与档案库的建设

明朝对档案的典藏十分重视，曾建有皇史宬、内阁大库、古今通籍库以及中央和地方各衙门的架阁库等，以便庋藏和管理档案。

第一节　皇史宬的石室金柜

一　皇史宬的兴建与历代的维修扩建

(一) 石室金柜的由来

中国是历史悠久、文化灿烂的文明古国。祖先给我们留下了极其丰富的文化遗产。其中如档案文献，自殷商以来的甲骨金文，简牍缣帛，铁券金册，纸墨文书，以及各类图像谱牒，可谓多姿多彩，弥足珍贵。

我们的祖先，不但重视保存各种质地的文书档案，而且善于利用档案等各种资料，编成经籍史书，流传后世。它是中华文明的重要载体，也是我国珍贵的文化遗产。

如此浩如烟海的文献资料，何以能保存至今呢？其中一个重要的原因是，历朝历代都不惜投入大量的人力、物力和财力，修建各类档案图书库房，以贮藏档案。而且，科学地进行保护和管理，使记录着我国五千年文明史的档案文献代代相传，至今不辍。用石室金柜庋藏档案图书，是古代保存档案图书的最好模式。

我国建造石室金柜以保藏档案文献的制度，始于西周。《大戴礼记·保傅篇》载，西周时，王朝的法典“书之玉版，藏之金柜，置之宗庙”，可见西周统治者非常重视王朝的法典、版籍、盟书等。以后各朝相沿，都建造了坚固耐久的档案文献库。

汉王朝建有石渠阁、兰台和东观等档案文献库房，以保存王朝的重要档案。石渠阁位于汉代西安未央宫北面，由汉初丞相萧何主持建造，主要收藏刘邦军队进咸阳后，萧何所收集的秦朝图籍档案。渠中导入水，围绕阁的四周，对于防火防盗十分有利。兰台亦是汉代中央档案库，位于宫中，设有兰台令史“掌图籍秘书”。兰台主要收藏皇帝的诏令、臣僚的奏章，以及国家重要的律令、地图和郡县计簿等。东观为东汉王朝的中央档案库，位于洛阳宫中，有高阁十二间，非常华丽，主要储藏中央的档案图籍。西汉太史令司马迁曾“细石室金柜之书”，写出了史学巨著《史记》。兰台令史班固曾利用兰台的图籍秘藏，写出了我国第一部断代史巨著——《汉书》。唐朝的甲库，宋元时期的架阁库，都是贮存中央档案的库房。

明代根据“以金为柜，以石为室，重缄封之，保慎之义”的传统，建造了皇史宬，专门收藏皇家的珍档秘籍。皇史宬石室金柜，是我国现存最古老、最完整的皇家档案库。

（二）明代皇史宬的兴建

皇史宬建于嘉靖时期，此时正是明朝的中期。自 1368 年朱元璋建立明朝，到了嘉靖时期，经过一百多年的治理，社会稳定，经济发展，文化建设硕果累累。历朝实录、宝训等的修撰，《永乐大典》等各类图书的纂修，特别是中央机关文书档案的日益增加，使文献档案到了满架盈库、储不胜储的地步。

弘治五年五月，内阁大学士丘濬上疏，请求仿古代石室金柜之制建重楼一所，以存历代经籍图书和当朝的重要文书，使“今世赖之以知古，后世赖之以知今”。

《明孝宗实录》载：

> 内阁大学士丘濬言，人君为治之道，非止一端，然皆一世一时之事。惟所谓经籍图书者，乃万年百世之事……今世赖之以知古，后世赖之以知今者……自古帝王藏国史于金柜石室之中，盖以金石之为物坚固耐久，非土木比，又能捍格水火，使不为患……欲乞朝廷于文渊阁近便去处，别建重楼一所，不用木植，专用砖石累砌为之，如民间所谓土库者，收贮紧要文书，以防意外之虞……凡内府衙门所藏文书，可备异日纂修一代全史之用者，如永乐以前文武官贴黄之类皆附焉。如此则祖宗之功德在万世，永传信而无疑。国家之典章垂百王，递沿袭而有本矣……上纳之。[1]

大学士丘濬，广东琼山人，字仲深，景泰进士，官至礼部尚书，学问渊博，特别熟悉当代掌故，著有《大学衍义补》等，有《丘文庄集》遗世。他高瞻远瞩，第一次提出仿古代石室金柜之制，建设皇朝档案库，专贮紧要文书档案，以流传万世。

明孝宗虽然同意丘濬的意见，但由于种种原因，建立砖石结构的重楼以贮档案文献的事，一直未能付诸实施。40 多年后，到了嘉靖十三年，为储藏祖宗御像，皇帝才命建神御阁，以为专储之所。

《明世宗宝训》卷三载：

1 《明孝宗实录》卷六三，台湾本《明实录》第 24 册。丘濬上疏全文，见《明经世文编》第 1 册，第 694 页。

嘉靖十三年七月丁丑

上谕阁臣：

祖宗神御像、宝训、实录，宜有尊崇之所。训录宜再以坚楮书，一总作石柜藏之。乃命建造神御阁地于南内。上亲临定，命制如南郊斋宫，内外用砖石团甃。阁上置御容，阁下藏训录。又以石柜夏月发润，改制铜匣。其重书训录，书帙大小，依通鉴纲目式，不拘每月一册旧制，第取厚薄适匀，异日收藏。每朝自为一柜。

又《皇明嘉隆两朝闻见记》载：

嘉靖十三年七月，命建皇史宬。上谕内阁曰：祖宗御容、宝训、实录宜有尊藏之所，命建皇史宬于重华殿西，敕馆阁诸臣重书九朝宝训及实录，奉御容于阁上，阁下藏训录。[1]

又《宪章外史续编》载：

嘉靖十三年七月，命建皇史宬于重华殿西，重书列圣宝训、实录藏之。[2]

《明世宗实录》载：

（嘉靖十三年七月庚辰）建神御阁，预告太庙世庙，十七日兴工。遣武定侯郭勋于工所行礼。命吏部尚书汪鋐兼兵部

1　《皇明嘉隆两朝闻见记》卷四。

2　《宪章外史续编》卷二。

尚书，总督神御阁、启祥宫等处大工，兼管军士。[1]

《明书》卷十三载：

嘉靖十三年秋七月，建神御阁于南内，奉祖宗御容。八月，建皇史宬。[2]

神御阁动工不久，南京兵部主事刘世龙便上疏反对兴建神御阁。《明世宗实录》卷一六八载：

（嘉靖十三年十月）乙酉，南京兵部主事刘世龙，以南京太庙灾，上言三事。……又神御阁、启祥宫之建，视太庙孰为缓急？时诎举嬴，当以其渐，此皆应天以实之道也。疏入，上以世龙讪上庇逆，悖慢不敬，令锦衣卫械系来京，毋纵。

经过两年的紧张施工，神御阁于嘉靖十五年七月建成。

神御阁建成后，嘉靖帝将其更名为皇史宬，专藏宝训、实录。其列圣御容，尊藏于景神殿。皇史宬的建成，是“从古所无之异章”，“其鸿规厂丽，龙阁崔巍，石室金柜，不假寸木，悉由于圣衷所经画，是从古所无之制”。为庆贺这一大工程的完成，皇帝大加赏赍有功之臣。《明世宗实录》载：

（嘉靖十五年七月）戊寅，皇史宬成。诏加武定侯郭勋太师，大学士李时、尚书夏言兼太子太傅，仍各赏银八千两、彩帛八表里。余在工官都督陆松以下，升赏有差。时疏辞谢

1 《明世宗实录》卷一六五，台湾本《明实录》第 42 册，第 3638 页。

2 《明书》卷十三。

言："皇史宬之建，用以尊藏八庙九帝宝训、实录，实本于皇上一念尊祖敬宗之诚，是从古所无之异章。其鸿规厂丽，龙阁崔巍，石室金柜，不假寸木，悉由于圣衷所经画，是从古所无之制。廷臣但乐观厥成而已，原未效丝毫力，不敢当殊赐。"上曰："尊藏训录，宬工告完，卿辅朕督视，厥劳懋矣，其承酬典勿辞。"勋言亦各疏辞，俱温诏不允。宬即神御阁也。初，上拟尊藏列圣御容训录，命建阁，已乃更名皇史宬，藏训录。其列圣御容，别修饰景神殿以奉之。咸出自钦定云。[1]

又《宪章外史续编》卷二载：

嘉靖十五年七月，皇史宬成。九月重书宝训、实录成，加郭勋左柱国，李时、夏言少傅。[2]

又《皇明嘉隆两朝闻见记》卷五载：

嘉靖十五年七月，皇史宬成，令尊藏训录。其列圣御容，命奉于景神殿。[3]

又《皇明大政纪》卷二二载：

嘉靖十三年七月，建皇史宬。重书九朝宝训及实录。命建皇史宬于重华殿西，欲置金柜石室其中也。敕阁馆诸臣，

1　《明世宗实录》卷一八九，台湾本《明实录》第42册，第3995页。
2　《宪章外史续编》卷二，第41页。
3　《皇明嘉隆两朝闻见记》卷五。

重书列圣宝训、实录藏之。复于钦天阁建石，镌《钦天颂》。追先阁建石纪祖德诗。已而宴儒臣于谨身殿。[1]

嘉靖十五年七月，皇史宬成。以工部完加郭勋太师，李时、夏言各兼太子太傅，赏金绮有差。[2]

昭梿《啸亭杂录》卷一载：

皇史宬在东华门外迤南，与普度寺相近，盖明南内地也。殿庑七楹，扉牖楹楣以石代之，内贮金漆柜数十，盖古人金柜石室之意。[3]

《明会典》载：

至（嘉靖）十五年，遂改世庙正殿曰景神殿，寝殿曰永孝殿，奉藏祖宗帝后御容于其中。

孙承泽《春明梦余录》载：

皇史宬，在重华殿西，建于嘉靖十三年。门额以史为"叏"，以成为"宬"，左右小门曰"龤历"，以龙为"龤"，皆上自制字而手书也。

皇史宬建成以后，历代又进行了维护和修缮。隆庆二年三月，朝廷对皇史宬进行了一次修缮。万历二十八年六月，又增添了皇

1 《皇明大政纪》卷二，第 674 页。
2 《皇明大政纪》卷三，第 680 页。
3 《啸亭杂录》卷一。

史宬碑、皇史宬门牌、龙历左门牌、龙历右门牌等。[1]

二　皇史宬建筑的特点

（一）最崇高的方位

明朝历代皇帝都以“敬天法祖”治国，以孝道垂范天下。嘉靖皇帝尤其注重孝道，为表“尊祖敬宗之诚”，命修建神御阁以尊藏祖宗圣容，自然要选择最尊崇的位置。经过钦天监官员及风水大师勘测后，认为南内位于皇城的巽位，紫禁城的东南方，是最尊崇的位置，建阁最为合适，得到嘉靖帝的肯定。《明宫词》载：“南内在紫禁城外巽隅，即景泰时锢英宗处，所称小南城是也。”小南城为明代的离宫，自天顺三年十一月建成后，有重华殿、宜春宫、洪庆宫、崇质宫（俗称黑瓦殿，即景泰间英宗所居）等建筑。皇史宬建在永泰门以南，重华殿西。其东侧有追先阁、钦天阁。钦天阁中有嘉靖皇帝书写的《钦天颂》透玲碑，言“祖德宗功，创业守成，皆非易事，教戒子孙，勒之于碑。碑石莹润如玉，故名”[2]。

当时皇史宬所在的南内宫殿群，与紫禁城浑然一体，互相辉映，蔚为壮观。明朝后期，小南城逐渐衰废。入清以后，又逐渐被改建，原宫殿建筑不复存在，唯皇史宬岿然独存，即今北京市东城区南池子大街 136 号的皇史宬。

清于敏中等编纂的《日下旧闻考》卷四〇载：

> 东苑久废，考其地当在今东华门外之东南，景泰间英宗居之，称曰小南城，盖东苑中之一区耳。复辟后又增置三路宫殿，因统谓之南城云。

1　《春明梦余录》卷六。

2　朱权等：《明宫词》。

(二) 皇帝亲自设计经划

正德十六年三月，年仅 31 岁的武宗朱厚照无嗣而死。按照兄终弟及的继位法，武宗的堂弟朱厚熜继承了皇位，即嘉靖皇帝。

嘉靖帝说："人君为治必本于孝道，圣人论政必先于正名……朕本宪宗纯皇帝之孙，孝宗敬皇帝之侄，恭穆献皇帝之子。皇兄武宗毅皇帝上宾之日，仰遵圣祖兄终弟及之训，属以伦序当立，遗诏命朕嗣皇帝位。"[1] 他以藩王世子入承大统，此前一直生活在湖广安陆，与平民百姓多有接触，没有过过宫中养尊处优的生活，因而对武宗时的弊政感受颇多。他即位之初颇有朝气，锐意"革故鼎新"，办事很有个性。他不顾旧礼仪的束缚，追封生父兴献王为恭穆献皇帝，建世庙奉祀睿宗，并尊封生母为章圣皇太后。他还令馆阁诸臣纂修献皇帝实录、宝训，藏于石室金柜，永为垂训。

《明世宗宝训》卷二载，嘉靖四年三月甲戌，命修献皇帝实录，以藏金柜，传之子孙。

嘉靖皇帝对建造皇史宬非常重视。他钦定建神御阁于皇城南内，并亲临现场，谋划设计。他指示仿南郊斋宫（即天坛内斋宫的正殿，崇基石栏，面阔七间，砖券结构，无梁柱，又名无梁殿）形制建阁，建筑材料全用砖石，不假一木。阁分上下两层，阁上储藏祖宗帝后画像，阁下储藏历朝皇帝宝训、实录。

《明世宗实录》卷一六五载：

乃命建造神御阁地于南内。上亲临定，命制如南郊斋宫，内外用砖石团甃。阁上置御容，阁下藏训录。

皇史宬工程基本完工后，嘉靖帝又亲自书写大殿匾额"皇史

1 《明世宗宝训》卷二。

宬”，左右小门叫“㦸历左门”“㦸历右门”。其中史字写成“㕜”，成字写成“宬”，龙字写成“㦸”，都是嘉靖帝别出心裁自造的字。

《明宫史》载：

（永泰门）再南，街东则皇史宬，珍藏太祖以来御笔实录、紧要典籍、石室金柜之书，此其处也。皇史宬每年六月初六日，奏知晒晾。司礼监第一员监官提督，董其事而稽覆之，其看守则监工也。左右小门曰“㦸历左门”，曰“㦸历右门”。再东则追先阁、钦天阁、透玲碑在焉。世庙御制《钦天颂》，勒于碑。碑石光润，近似卧碑制也。再南，则御前作也。[1]

《日下旧闻考》载：

原皇史宬，藏宝训、实录处也。按：宬，与盛同义。庄子以匡宬矢。说文曰：“宬，屋所容受也。”然殿宇命名，于斯仅见耳。

（增）皇史宬，在重华殿西，建于嘉靖十三年，门额以史为“㕜”，已成为“宬”。左右小门曰“㦸历”，以龙为“㦸”，皆上自制字而手书也。[2]

（三）石室金柜的大殿

皇史宬正殿是仿照中国古代石室金柜之制式而建的，位于皇史宬建筑群院内正中。正殿坐落在 1.42 米高的石基上，四周环以

1　刘若愚：《明宫史》，第 6 页，北京古籍出版社　1980 年。
2　《日下旧闻考》卷四〇，第 626~634 页。

白玉栏杆。汉白玉的望柱左刻浮龙，右雕舞凤，活灵活现。大殿的正上方悬“皇史宬”匾额，满、汉文合书，这显然是清改易。正殿东西九楹，卷门五座，东西山墙各有一窗。正殿外沿，东西长 47.45 米，南北宽 20.9 米；殿内东西长 40.5 米，南北进深 8.98 米。屋顶盖以黄琉璃瓦，吻兽相向，为庑殿式建筑。梁柱斗拱，窗棂榱桷，全为砖石所砌，不用一根木头、一点金属，甚为奇特。殿前为丹陛，南面陛三出，东、西各一出，显得十分开阔得体。殿内大厅无梁无柱，是石砌的拱形建筑，墙厚达 6 米多，东西两面山墙有窗，既能保持温度的相对稳定，使室内冬暖夏凉，又可通风、防盗，非常适合保存档案文献。

皇史宬建成后，当时大学士李时的评价是“鸿规厂丽，龙阁崔巍，石室金柜，不假寸木”[1]。明代翰林院编修王立道撰《皇史宬颂》说，皇史宬是“仿古石室”，“制崇兰台”。

正殿室内筑有石台，明代共分 20 台，清代乾隆时改建为前后两台，光绪时又通为一台。石台高 1.42 米，边缘用汉白玉镶砌边墙，并雕刻着海浪为底、祥云浮上，白日当空、丹花怒放、蛟龙腾跃、鸾凤和鸣等象征祥和承平的图案。

石台上陈放铜皮镏金、雕饰云龙的樟木柜，即金柜。柜长 135 厘米，宽 72 厘米，高 130 厘米。柜的正面和上面，刻二龙戏珠图。柜内以 5 厘米厚的樟木板做成箱式，箱内又置楠木匣数个，匣内再放置以双层黄锦缎包裹的档案。柜盖严丝合缝，密闭性极佳。并且，柜盖上大锁，使得金柜一并具有防潮、防霉、防虫、防盗的功能。

金柜是专门存放实录、圣训的。随着实录、圣训的增加，金柜也逐渐增多。明朝时只有 19 具，清雍正时有 31 具，到同治时已增至 141 具，到清末已达 152 具。这些金柜完好无损，目前仍

1 《明世宗实录》卷一八九，嘉靖十五年七月戊寅。

存于皇史宬正殿中。

正殿中有两座石碑，分别立于殿内东北、西北角的石台上，坐北向南，原是明朝所立。乾隆时磨掉碑文重刻。东侧碑文是乾隆十五年“恭瞻皇史宬”所作的御制诗，西侧碑文是记载乾隆十五年恭送实录、御容和玉牒赴盛京的御制文。

(四) 和谐对称的古建筑群

皇室宬建筑群，由宬门、正殿、东配殿、西配殿及御碑亭五部分组成。建筑格局和谐对称，十分完美。

皇史宬建筑群坐北向南，四周围以高墙，总面积 8460 余平方米。正院前是东西通道，东西各有一座大门。东大门关闭，西大门（临南池子大街）供出入。正中为皇史宬门，三环南向，左右各一旁门，左曰“鼞历左门”，右曰“鼞历右门”。东西两个配殿，是砖石结构的无梁殿，是皇史宬的左右衬托，使建筑保持一个完整的格局。特别值得一提的是，它有上下两排通气孔，以保持室内及暗柱内的空气流通。每个气孔都以镶嵌在墙上的砖雕作装饰，镂空透气，美观实用，颇具匠心。

从现代的观点看，皇史宬的建筑和设备，适于保存档案文献。全部砖石结构，不用木植，既可以防火，又坚固耐久；四五米厚的墙壁，可保持室内冬暖夏凉，避免温度剧烈变化；对开的窗户，便于通风，有利于调节室内温湿度；四尺多高的石台，既可泄水，又能防潮；铁皮木柜，也能起防火、防潮的作用。这些，对于保管和保护档案文献，都极为有利。在我国四五百年前的科学水平和技术条件下，这样一座设计精巧、格局别致、坚固耐久、风格独特的古老档案库，不仅是我国建筑技艺史上的光辉杰作，而且体现了我国劳动人民的勤劳勇敢和伟大智慧。1982 年，皇史宬被定为全国重点文物保护单位。

皇史宬建好后，历代有小的维修，如隆庆二年修葺皇史宬。

《明穆宗实录》载："隆庆二年三月辛酉，修葺皇史宬。"[1]

三　明代皇史宬贮藏的档案文献与管理

(一) 明代皇史宬贮藏的档案文献

皇史宬原设计是阁楼式建筑，上层藏明历朝皇帝画像，下层藏宝训、实录。但施工过程中，由于技术原因，改变了原方案，建成了单层黄瓦大屋。初建时定名神御阁，建成后更名皇史宬，专藏宝训、实录。皇帝画像则另修饰景神殿庋藏。

实录是我国古代纂修的史籍之一，以编年体的形式记录了皇帝一生的事迹。实录为据实记载，本无虚构之意。《汉书·司马迁传》载："皆称迁有良史之材，服其善序事理，辨而不华，质而不俚，其文直，其事核，不虚美，不隐恶，故谓之实录。"中国历代帝王为了总结统治经验，扬绩遗烈，垂范后世，都十分重视实录的编纂。中国最早纂修的实录，据《隋书·经籍志》记载，是南北朝梁时周兴嗣等修的《梁皇帝实录》，记述梁武帝一生的事迹。自唐朝开始，每一个皇帝死后，继嗣之君必命史臣纂修前一帝的实录。以后，历朝相沿，成为定例。有唐一代实录共有 25 种之多，但大都亡佚了，仅存一部《顺宗实录》。宋朝的实录几乎全部失传，现仅存《太宗实录》残本。唯明清两朝的实录被完整的保存下来，资料丰富，为历代史料的渊薮，常为修史者所依。

明代在开馆修每朝实录的同时，还要选择实录中"可供传诵宣布者"，编辑宝训。每届实录修成后，除选择吉日进呈外，还将原稿在芭蕉园焚毁。

孙承泽《春明梦余录》载：

> (皇史宬) 中贮列朝实录及宝训。每一帝山陵则开局，纂

1 《明穆宗实录》卷一八，台湾本，第 507 页。

修告成，焚稿椒园，正本贮此。实录中诸可传送宣布者，曰宝训。宬中四周上下俱用石甃，中具二十台，永陵、定陵各占二台。[1]

《涌幢小品》卷二载：

实录成，择日进呈，焚稿于芭蕉园。园在太液池东，崇台复殿，古木珍室，参错其间。又有小山曲水，则焚之处也。

实录之名起于唐。国朝平元都，即辇十三朝实录至京，修之至再。太祖实录，修于建文，又再修于永乐。并历朝所修者，藏之金柜石室，最为秘密。申文定当国，命诸学士校雠，始于馆中誊出，携归私第，转相抄录，遍及台省。[2]

皇史宬建成后，首批宝训、实录的入藏，是在嘉靖十五年八月乙酉。当时钦命重书累朝及恭睿献皇帝宝训、实录，已经完成。大学士李时奏准依议进呈御览后，送皇史宬尊藏。

《明世宗实录》载：

（嘉靖十五年八月）乙酉，重书列圣贤训实录成。学士李时等言，训录所载，皆列圣嘉言懿行，伟烈神功，礼当重。请如实录例，令礼部具仪，择日于奉天殿进呈。诏可。[3]

当时，举行了隆重进训录的仪式。

《明会典》载：

---

1 《春明梦余录》卷一三。

2 《涌幢小品》卷二。

3 《明世宗实录》卷一九〇，台湾本，第 4001 页。

进重书训录仪

嘉靖十五年定

前一日，鸿胪寺设宝训、实录案于丹墀中。设宝舆香亭于史馆前。教坊司设中和韶乐及大乐如常仪。

是日早，锦衣卫设卤簿驾。史官具朝服至馆，捧宝训、实录，置宝舆中。鸿胪寺官导迎宝训、实录宝舆，用鼓乐伞盖，从东廊北行，由左顺们外，引由桥南中道行。史官后随，由二桥行至奉天门阶下，由左门入至丹墀案前，捧宝训、实录置于案。乐作。候香亭宝舆退。

上御华盖殿，鸿胪寺官奏执事官行礼，赞五拜，奏请陛殿，导驾官前导。乐作。

上御奉天殿，乐止，鸣鞭。文武百官各具朝服侍班，史官入班，赞四拜。乐作。兴。平身。乐止。

鸿胪官奏进宝训、实录。乐作。序班举宝训实录案，以次由中道升。班首官由左阶升，至殿门外，上兴。序班以宝训、实录案置于殿中，乐止。班首官跪于案前，赞史官皆跪，乐作。内侍官举宝训、实录案入华盖殿，上复座，赞俯伏。班首及史官，皆俯伏。兴。平身。乐止。班首复位，赞鞠躬，乐作。赞四拜。兴。平身。乐止。史官退于东班侍立，文武百官入班。赞五拜三叩头。兴。平身，乐止。礼毕。

次日早，鸿胪寺官诣华盖殿，请宝训、实录于宝舆内。执事者举舆，由殿中门出。鼓乐前导监录等官，并司礼监及各监内侍官后从，由奉天门、左顺门、东华门，至皇史宬门外。钦遣官以次捧太祖高皇帝训录，及捧列圣训录，各尊藏于金柜内，不掩。恭候上亲临阅视阖固，毕。各官以次列阶下，行叩头礼。[1]

1　万历《大明会典》卷七四，中华书局，1989 年。

嘉靖十五年，首次进藏皇史宬的训录如下。

《明太祖实录》二百五十七卷，凡三修。总裁董伦等一修于建文元年，总裁解缙等重修于永乐元年，总裁胡广等三修于永乐九年。记明太祖朱元璋事迹。记事起于元至正辛卯，迄于明洪武三十一年戊寅。

《日历》一百卷，洪武中，詹同等编。

《明太祖宝训》十五卷，洪武中，詹同等编。

《明成祖实录》一百三十卷，《明成祖宝训》十五卷，总裁杨士奇等修。记明成祖朱棣言行事迹。记事起于洪武三十一年闰五月，迄于永乐二十二年八月。

《明仁宗实录》十卷，《明仁宗宝训》六卷，蹇义等修。记明仁宗朱高炽言行事迹。记事起于永乐二十二年八月，迄于洪熙元年五月。

《明宣宗实录》一百一十五卷，《明宣宗宝训》十二卷，杨士奇等纂修。记明宣宗朱瞻基言行事迹。记事起于洪熙元年六月，迄于宣德十年正月。

《明英宗实录》三百六十一卷，《明英宗宝训》十二卷，成化元年陈文等纂修，至成化三年成书。记明英宗朱祁镇言行事迹。记事起于宣德十年十月，迄于天顺八年正月。

《明宪宗实录》二百三十九卷，《明宪宗宝训》十卷，刘吉等纂修。记明宪宗朱见深言行事迹。记事起于天顺八年正月，迄于成化二十三年八月。

《明孝宗实录》二百二十四卷、《明孝宗宝训》十卷，正德元年刘健、谢迁等修。未几，健、迁皆去位，焦芳等续修，正德四年四月成书。记明孝宗朱祐樘言行事迹。记事起于成化二十三年八月，迄于弘治十八年五月。

《明武宗实录》一百九十七卷、《明武宗宝训》十卷，费宏等于正德十六年六月始修，至嘉靖四年六月成书。记明武宗朱厚照言行事迹。记事起于弘治十八年五月，迄于正德十六年三月。

《明睿宗实录》五十卷、《明睿宗宝训》十卷，嘉靖四年命大学士费宏等纂修。记明世宗生父睿宗朱祐杬言行事迹。

皇史宬修成后，一次进藏九朝的实录、宝训，这不仅表现了嘉靖皇帝尊祖敬宗的诚心，而且客观上使这些史籍留存后世。当时大学士李时说："皇史宬之建，用以尊藏八庙九帝宝训、实录，实本于皇上一念尊祖敬宗之诚，是从古所无之异章。"[1]

以后各朝，每当皇帝死后，嗣君即位，即命史官纂修前朝实录、宝训。照例由皇帝任命勋位一人为监修，内阁学士一人为总裁，翰林学士一人为副总裁，修撰、编修等史官分掌考辑撰述工作。实录、宝训纂成后，依例举行隆重的进实录仪式，尊藏皇史宬。这些实录、宝训，列举如下。

《明世宗实录》五百六十六卷，《明世宗宝训》二十四卷，隆庆中徐阶等修，未竣，万历五年张居正等续修，成之。记明世宗朱厚熜言行事迹。记事起自正德十九年三月，迄于嘉靖四十五年十二月。

《明穆宗实录》七十卷，《明穆宗宝训》八卷，张居正等始修于隆庆六年十月，万历二年七月成书。记明穆宗载垕言行事迹。记事起于嘉靖四十五年十月，迄于隆庆六年五月。

《明神宗实录》五百九十四卷、《明神宗宝训》二十六卷，温体仁等天启元年三月始修，崇祯初年成书。记明神宗朱翊钧言行事迹。记事起于隆庆六年五月，迄于万历四十八年七月。

《明光宗实录》八卷，天启三年叶向高等纂修，有熹宗御制序。既而霍维华等改修，未及上，而熹宗死。至崇祯元年，始进呈叶向高原本，并贮皇史宬。记明光宗朱常洛事迹（光宗在位仅一个月，故实录所载多为潜邸时事）。

1 《明世宗实录》，嘉靖十五年七月戊寅。

《明熹宗实录》八十四卷，温体仁等崇祯元年开修，至崇祯末年始成书。记明熹宗朱由校事迹。记事起于泰昌元年九月，迄于天启七年七月。[1]

在明代，皇史宬除了贮藏明历朝实录、宝训外，还贮藏其他一些文献典籍，如：四书、五经、《性理大全》等。“四书”为《大学》《中庸》《论语》《孟子》的合称，“五经”即《诗》《书》《礼》《易》《春秋》，是儒家的主要经典，长期以来成为封建统治阶级的教科书。《性理大全》是明成祖命令胡广编撰的理学丛书，共七十卷。嘉靖皇帝非常重视这些儒家经典，除经常学习之外，还命令馆阁诸臣抄录一份副本，进藏皇史宬，以便永久存留。

《明世宗实录》载：

> **（嘉靖二十二年四月）辛丑，录四书、五经、《性理大全》，进藏皇史宬。**[2]

在明代，皇史宬还藏过《永乐大典》副本。

《春明梦余录》载：

> **永乐五年十一月告成，凡二万二千二百一十一卷，装成一千九十五本，各以韵为类，赐名《永乐大典》，贮文渊阁，副本贮皇史宬。**[3]

《永乐大典》是一部大型综合性的百科全书，永乐元年明成祖

1　以上参见《明史·艺文志》。

2　《明世宗实录》卷二七三。

3　《春明梦余录》卷一三，第106页。

命解缙等编纂，至永乐六年始成。全书二万二千八百七十七卷，装成 11095 册。举凡“天文、地理、人伦、国统、道德、政治、制度、名物，以至奇闻异见、庾词逸事”，无不详载备录。全书以《洪武正韵》为纲，“用韵以统字，用字以系事”[1]。

嘉靖四十一年，宫禁失火，《永乐大典》险遭毁灭。为防不测，嘉靖命重录一部，贮之他所。

《明世宗实录》载：

(嘉靖四十一年八月) 乙丑，诏重录《永乐大典》。命礼部左侍郎高拱、右春坊右中允管国子监司业事张居正，各解原务，入馆校录。拱仍以侍郎兼翰林院学士，同左春坊左谕德兼侍读瞿景淳充总校官。居正仍以中允兼翰林院编修，同修撰林熏、丁士美、徐时行，编修吕旻、王希烈、张四维、陶大端，检讨吴可行、马自强充分校官。

初，文皇帝命儒臣汇稡秘阁书籍，分韵类载，以便检考。供事编辑者三千余人，为卷凡三万有奇，名曰《永乐大典》。书成，贮之文楼，其帙甚钜。

上初年好古礼文之事，时取探讨，殊宝爱之。自后凡有疑郄，悉按韵索览，几案间每有一二帙在焉。及三殿灾，上闻变，即命左右趣登文楼，出大典。甲夜中，谕凡三四传，是书遂得不毁。

上意欲重录一部，贮之他所，以备不虞，每为阁臣言之。至是，论大学士徐阶曰，昨计重录《永乐大典》，两处收藏，兹秋凉可处理。乃选各色善楷书人礼部儒士程道南等百余人，就史馆分录，而命拱等校理之。[2]

1 《永乐大典》，凡例。

2 《明世宗实录》卷五一二，台湾本，第 5413~5414 页。

历经五载，至隆庆元年，始誊录、校对完毕。令正本贮文渊阁，副本藏皇史宬。明末，正本被毁于战火，副本得以保存下来。

《明穆宗实录》载：

(隆庆元年四月庚子)以重录《永乐大典》成，加少师兼太子太师吏部尚书建极殿大学士徐阶正一品俸。少保兼太子太保吏部尚书武英殿大学士李春芳、郭朴，少保兼太子太保礼部尚书武英殿大学士高拱，各加少傅兼太子太傅。礼部尚书兼文渊阁大学士陈以勤加太子太保，吏部左侍郎兼东阁大学士张居正升礼部尚书兼武英殿大学士。原任太子太保吏部尚书兼武英殿大学士严讷给应得诰命。总教等官礼部左侍郎瞿景淳兼翰林院学士，升俸一级。国子监祭酒林燫升太常寺卿，管祭酒事。侍读吕旻、王希烈，修撰诸大绶，俱左春坊左谕德，修撰丁士美右春坊右谕德，各兼侍读。大绶、士美仍加俸一级。编修孙铤为左春坊左中允……已而，阶等各上疏辞免恩命，俱优诏不允。[1]

孙承泽《春明梦余录》卷十二载：

永乐中，命解缙纂集类书，为文献大成。嫌其未备，乃命姚广孝重修。……永乐五年十一月告成，凡二万二千二百一十一卷，装成一千九十五本，各以韵为类，赐名《永乐大典》，贮文渊阁，副本贮皇史宬。[2]

1 《明穆宗实录》卷七，台湾本，第 204 页。

2 《春明梦余录》卷一二，第 155~165 页。

(二) 皇史宬的管理

由于皇史宬尊藏着明代皇帝的实录、宝训及皇室家谱等珍秘档案文献，所以日常管理非常严密。在明代，由司礼监来管理皇史宬。

司礼监设掌印太监一员，秉笔、随堂太监八九员或五六员，掌管日奏文书批红等事，随侍皇帝左右，是最亲近皇帝的太监。司礼监设提督官一员，之下又设监官、典簿十员。第一员监官提督皇史宬。

刘若愚《酌中志》载：

司礼监提督一员，秩在监官之上，于本衙门居住，职掌古今书籍、名画、册叶、手卷、笔、墨、砚、绫纱、绢布、纸札，各有库贮之，选监工之老成勤敏者，掌其锁钥。所属掌官四员或六员佐理之，并内书堂亦属之。又，经厂掌司四员或六员，在经厂居住，只管一应经书印板及印成书籍，佛藏、道藏、番藏，皆佐理之。自提督以下，则监官、典簿十余员。第一员监官提督皇史宬，并新房。[1]

司礼监第一监官不仅要负责皇史宬的启闭安全，每年六月初六日还要晾晒库藏的实录、圣训等秘籍。

《日下旧闻考》载：

原六月六日，内府皇史宬晒曝列圣实录、列圣御制文集诸大函，每岁故事也。[2]

1 《酌中志》卷一六，第93~94页。

2 《日下旧闻考》卷一四八。

（皇史宬）藏太祖以来御笔实录，每年六月六日奏知晾晒。[1]

第二节　明代文渊阁等库楼的始建与库藏档案文献

内阁大库为明清重要的中央档案库之一，历来典藏明清王朝治国理政的各类文书及皇家的珍档秘籍。现存于世的内阁大库有二，一名实录库，一名红本库，位于紫禁城的东南方巽位，在午门内以东、文华殿之南。内阁大库始建于明代。实录库为明代文渊阁的遗存，是明代藏皇帝实录、宝训的库房，又是内阁大学士的直所。

《词林典故》载："永乐初，命编修等官于文渊阁参预机密，谓之内阁。"明邓士龙辑《国朝典故》记载："文渊阁在午门之内之东，文华殿南面。砖城凡十间，皆覆以黄瓦。西五间，中揭'文渊阁'三大字牌匾。牌下置红柜，藏三朝实录副本。前楹设凳。余四间背后列书柜，隔前楹为退休所。"[2]

明沈叔埏著《文渊阁表记》中载，"文渊阁在洪武时，在奉天门之东。成祖北迁，营阁于左顺门东南，仍位于宫城巽位，遵旧制也"。著名古建筑学家单士元先生在所著《文渊阁》一文中说："近年在维修内阁各库时，鉴定所用城砖以及砖胎上的青色土质，琉璃瓦式样和胎釉，均为明代之物，更证实这一带库房建筑即是明代遗留下的文渊阁。"[3]

嘉靖十六年诏增修内阁："以文渊阁之中一间恭设御座，旁

1 《日下旧闻考》卷四〇。

2 《国朝典故》卷七二。

3 参考《我在故宫七十年》。

四间各相间隔，而开户于南，以为阁臣办事之所。阁东诰敕房内，装为小楼，以贮书籍。阁西制敕房南面隙地，添造卷棚三间，以容各官书办，于是阁制视前称完美矣。”[1]

明代文渊阁藏宋元版典籍较多，还有永乐十九年自南京明故宫文渊阁运来的十船古籍。《山樵暇语》记：“北京大内新成，敕翰林院，凡南内文渊阁所贮古今一切书籍，自有一部至百部，各取一部送至北京，余悉封识收院如故。修撰陈循如数取进，得一百柜，督舟十艘，载以赴京。”[2]除此之外，永乐皇帝又“遣官四出购买，故阁中所积书计二万余部，近百万卷，刻本十三，抄本十七，蓄积之富，千古所未有也。嘉靖中，阁灾，书移通集库及皇史宬”[3]。

明文渊阁主要珍藏明朝皇帝实录、宝训的副本。廖道南《殿阁词林记》卷九载：“文渊阁在午门之内迤东、文华殿南面。砖城凡十间，皆覆以黄瓦。揭‘文渊阁’三大字于阁门。中间置红柜，藏历朝训录副本。”此外，文渊阁还密藏有明王朝中央机要档案。据《中书典故汇纪》卷六载，文渊阁“深严禁密，百官莫敢望焉，吏人无敢至其地……防漏泄也。禁密文书，一小匣在几上，钥之而不合”。

第三节　古今通集库

古今通集库位于紫禁城内东南方，是皇帝的御用库房。原建筑已不复存在，现仅存明时“古今通集库”石碑一块。在明代，

1 《明世宗实录》卷九九。
2 俞弁：《山樵暇语》卷九。
3 《春明梦余录》卷一二。

古今通集库主要保存皇帝赐封功臣、各将、藩王的诰封、铁券，以及京内外官员的诰封底簿。其中官员诰敕勘合底簿，以《千字文》或《急就章》编号。“千字号为满，满则续。”[1]规定每年六月初六日，对库房所保存的档案文献进行晾晒，以免潮湿、霉烂。

《明史》卷六八载：

> 其（功臣铁券）制如瓦，第为七等。公二等：一高一尺，广一尺六寸五分；一高九寸五分，广一尺六寸。侯三等：一高九寸，广一尺五寸五分；一高八寸五分，广一尺五寸；一高八寸，广一尺四寸五分。伯二等：一高七寸五分，广一尺三寸五分；一高六寸五分，广一尺二寸五分。外刻履历恩数之详，以记其功；中镌免罪、减禄之数，以防其过。字嵌以金，凡九十七副，各分左右。左颁功臣，右藏内府，有故则合之，以取信焉。（洪武）三年，大封功臣，公六人，侯二十八人，并赐铁券。……洪武二十五年，改制铁券。

第四节　后湖黄册库

后湖黄册库是明朝保存赋役黄册的中央档案库，位于南京后湖（今玄武湖）湖心的群岛上。这既利于防火，又便于防卫。

洪武二十四年令各布政使司及直隶（今江苏省、安徽省）、府、州、县并各土司衙门所造黄册，俱送后湖黄册库收贮。库房东西相向，且前后有窗，便于通风和日晒。

每十年为大造黄册之年，全国解送黄册达六万余册。新旧并存，册库也每十年增建约 30 间，所以库房逐渐扩及旧洲、中洲、

1 《明会典》卷一六七。

新洲各岛。嘉靖四十一年，有册库547间、册架2174座。至万历三十年，库房增至667间，黄册增至153万余册。明亡前夕，库房有近700间，黄册达170万册以上，为中国古代规模最大的档案库。

洪武时，后湖黄册库由户部侍郎兼管。明都北迁后，由南京户科给事中一员及户部广西清吏司主事一员专管。洪武二十四年规定，每届全国新册汇送后湖之后，要派遣户科给事中一员、监察御史二员、户部主事二员，督同监生以旧册对比清查，厘校讹舛，并由管册官员汇总户口、田土、税粮总数，奏呈皇帝御览。后湖黄册库平时设办事吏员30名，库匠、抬册夫、水夫、膳夫等100多名，另由国子监调拨监生50名专司晾晒。

黄册档案的制作、管理十分严格。用纸：要求长宽各一尺二寸的厚实棉纸。抄写：按照题本的行距书写，不许涂、抹、挖、补和浮贴。装订：必须用粗棉白线装订；所用糨糊要加椒末或矾末，以防虫蛀。晾晒：每年四至十月的7个月为晾册时间；十一月至来年二月天冷风急，易致黄册损坏；三月不仅有飞絮，而且是梅雨季节，空气潮湿，不宜晾晒。排放：每库放置三层的大木架四个，库房和架阁都统一编号；黄册按其编年和所属地区排放。查阅：只准查阅与其职守有关的部分，不许代查代抄。保密：沿湖居民“不许偷引水利”，沿湖土地“不许诸人耕种”，湖内鱼蟹“不许附近居民擅自采取”。戒备：湖内有专门军队看守、巡逻；湖外每50米或70米设一铺舍，不准工作人员与外界来往；库房内严禁灯火，并立有“敢有将火过桥者，治以重罪”的禁牌。到了明末，政治腐败，黄册制度日趋废弛。经费困难，造成库房失修。黄册又不按时晾晒，导致潮湿、虫蛀鼠咬，损失严重。[1]

1 以上参见《明史》卷七七。赵维贤辑：《后湖志》。

第五节　中央和地方各衙门的架阁库

架阁库始建于宋代。明沿宋制，朱元璋于洪武二十四年令“置天下诸司架阁库，以庋案牍”。六部、五军都督府、大理寺等中央机关及地方机关随之陆续置了架阁库。其架阁库名称各异，如黄册库、案牍库、册籍所、贮册库等。架阁库的建筑、管理也较前代有所进步，如江西布政司黄册库有库房 50 间、厅房 3 间。每库房门各自出入，互相隔绝。院中有池贮水，以防火灾。再如太平府架阁库的建筑，注意防潮、防鼠、通风等，利于保护档案。嘉靖七年，“建库三进，各五楹，左藏黄册，右藏案牍”，“布地以沙”，以防鼠疫，“覆汝以板”，以防水气，并“旁启多窗，日暮通畅，使之常燥而无润”。[1]

1　何乔新：《江西布政司黄册库修造记》，《古今图书集成·考工典》。林钺：《太平府架阁库记》，《古今图书集成·考工典》。

第十四章　明代对档案的利用与官修典制史籍等文献

明廷对档案的利用主要有两个层次。一是在治国理政的现实活动中，随时利用人事档案以考核文武官员；利用档案编纂鱼鳞、黄册等，征收田赋；查参有关刑事、民族、外交的档案，以解决危及社会稳定和国家安全等的问题。其典型事例，不胜枚举。二是为总结历史经验，利用档案编纂了大量的典制文献和历史典籍，以达到长治久安的目的。

第一节　编撰典制、律例文献

一　《大诰》与《大诰武臣》

《大诰》为明朝开国皇帝朱元璋御制的刑典，包括《大诰》《大诰续编》《大诰三编》。洪武中期，官吏贪赃枉法，豪强兼并，逃避粮差，日趋严重。为维护统治秩序，朱元璋遂将“官民过犯”典型案例辑录成帙，于洪武十八年冬刊布《大诰》（74条），洪武十九年春刊布《大诰续编》（87条），洪武十九年冬刊布《大诰三编》（43条），颁行天下。他亲自作序说：“一切官民诸色人等，户户有此一本，若犯笞、杖、徒、流罪名，各减一等，无者各加一等。”[1]他还命令，以《大诰》为国子监及各府、州、县学诸生必读的课本。

《大诰武臣》为朱元璋继《大诰三编》之后，于洪武二十六年十二月辑录武臣之罪例、告诫管军的武臣而编的一部重要文献。

二　《大明律》

《大明律》是明代的综合性法典，包括《名例律》和《吏律》等内容。《名例律》一卷，47条，是全律的纲领。《吏律》二卷，包括《职制》《公式》，33条，主要规定文武官吏应该遵守的职司法规及其公务职责。其中有关文档方面的律例颇多，现举例如下。

首领官员要亲自起草、撰拟文稿。《大明律·吏律》中规定：

> 其合奏公事，须要依律定拟，具写奏本。其奏事及当该官吏，佥书姓名，明白奏闻。若有规避、增减紧关情节，朦胧奏准施行，已后因事发露，虽经年远，鞫问明白，斩。

官署行文，首领官必须亲到上级官署申议公事。若上级同意撰拟成文，必须将此事缘由书于文簿，并该官画字用印。《大明律·吏律》载：

> 若于亲临上司官处，禀议公事，必先随事详陈可否，定拟禀说。若准拟者，上司置立印署文簿，附写略节缘由，令首领官吏书名画字，以凭稽考。若将不合行事务，妄作禀准，及窥伺公务冗并，乘时朦胧禀说施行者，依诈传各衙门官员言语律科罪。有所规避者，从重论。

1　《皇明制书》。

公务文书的处理，不准同僚代替。凡奉令旨而施行有违，治罪。《大明律·吏律》载：

凡应行官文书，而同僚官代判署者，杖八十。若因遗失文案而代者，加一等。若有增减出入，罪重者，从重论。

凡奉制书，有所施行而违者，杖一百。违皇太子令旨者，同罪。违亲王令旨者，杖九十。

在文书实施方面，《大明律·吏律》载：

稽缓制书及皇太子令旨者，一日笞五十。每一日，加一等。罪止杖一百。稽缓亲王令旨者，各减一等。

凡官文书稽程者，一日，笞典吏一十。三日加一等，罪止笞四十。……若各衙门遇有所属申禀公事，随即详议可否，明白定夺回报。若当该官吏，不与果决，含糊行移，互相推调，以致耽误公事者，杖八十。其所属将可行事件，不行区处，作疑申禀者，罪亦如之。

有关照刷和磨勘文卷，《大明律·吏律》规定：

凡照刷有司印信、衙门文卷，迟一宗二宗，吏典笞一十。三宗至五宗，笞二十。每五宗，加一等。罪止笞四十。……失错及漏报一宗，吏典笞二十。二宗三宗，笞三十。每三宗，加一等。罪止笞五十。

凡刷出卷内有失误，或漏盖印信等，称为失错；凡刷出卷内文件未曾粘卷而脱漏，没有上报，称为漏报。出现这两种情况，要对府、州、县首领官罚以俸钱，保证照刷工作的顺利进行。

对伪造、盗窃文书者，《吏律》的规定更为严格。盗窃皇帝下达诏旨者，皆斩。盗窃各衙文书，均杖一百，并刺字。凡诈伪制书及增减者，皆斩。未施行者，绞。传写失错者，杖一百。凡诈传诏旨者，斩。诈传皇后懿旨、皇太子令旨、亲王令旨者，绞。

其他关于公文的传递、信印的使用等的法律，见相关章节。

《大明律》尚有：《户律》，分《户役》《田宅》《婚姻》《仓库》《课程》《钱债》《市廛》七卷，共 95 条；《礼律》，分《祭祀》《礼仪》二卷，26 条；《兵律》，分《宫卫》《军政》《关津》《廐牧》《邮驿》五卷，共 75 条；《刑律》，分为《贼盗》《人命》《斗殴》《骂詈》《诉讼》《受赃》《诈伪》《犯奸》《杂犯》《捕亡》《断狱》十一卷，共 171 条；《工律》，分《营造》《河防》二卷，13 条。

朱元璋非常重视法律的制定。《大明律》是其劳心焦思、虑患防微近 20 年的经验总结，被其视为维护明王朝长治久安的法宝。

三　《诸司职掌》与《大明会典》

《诸司职掌》《大明会典》为明代官修的记载典章制度的册籍。

洪武二十六年，明太祖朱元璋仿《唐六典》敕修《诸司职掌》，分吏、户、礼、兵、刑、工（六部）和通政司、都察院、大理寺、五军都督府十门，共十卷，记载明王朝开国到洪武二十六年前所创建与设置的各种主要职官制度。

洪武以后各朝，又以《诸司职掌》为蓝本，陆续纂修两部《大明会典》：一是正德《大明会典》一百八十卷，正德六年刊行；二是万历《大明会典》二百二十八卷，万历十五年刊行。

弘治十年三月始修正德《大明会典》，命大学士徐溥、刘健纂修，定“凡例”24 条。以本朝官职为纲，使官领其事，事归于职，将六部中的吏、礼、兵、工四部各有司例者，均以司分。其余户、刑两部所属诸司，则分省而治，如江苏、浙江等布政司等。与《诸司职掌》不同之处，是增添“宗人府”一门，列为卷首。弘治十五年修成，但未刊行。正德四年，武宗命大学士李东阳对正德《大明会典》重加参校。正德六年，正德《大明会典》由司礼监刻印颁行。

万历四年六月始修万历《大明会典》，神宗命张居正为总裁，定“凡例”15条，校订弘治、嘉靖旧本，补录嘉靖二十八年以后六部现行事例，分类编纂。改编年为从事分类，从类分年。书成于万历十三年。万历十五年二月，大学士申时行奏进，由内府刊行。全书共二百二十八卷，卷一至卷二二六记文职衙门，卷二二七至卷二二八记武职衙门。文职先后为宗人府、吏部、户部、礼部、兵部、刑部、工部、都察院、通政使司、大理寺、太常寺、詹事府、光禄寺、太仆寺、鸿胪寺、国子监、翰林院、尚宝寺、钦天监、太医院、上林苑监、僧录司、道录寺；武职则为五军都督府、锦衣卫等二十二卫。南京诸司附于北京诸司之后。

《大明会典》的编纂使用了大量的档案史料，特别是历朝皇帝诏令和大臣的奏章，以及各衙门所存的档案文献。《凡例》中规定：“事例出朝廷所降，则书曰‘诏’，曰‘敕’。臣下所奏，则书曰‘奏准’，曰‘议准’，曰‘奏定’，曰‘议定’，或总书曰‘令’。”[1]

《大明会典》对研究明代中央和地方政府的机构职掌、官吏任免、文书制度、行政管理和监督，农业、手工业、商业方面的土地制度、经济政策等，天文、历法、习俗、文教，少数民族地区的管理，等等，都能提供丰富的材料，是研究明代典章制度的重要依据。

---

1 《大明会典》，凡例。

第二节　编纂历史典籍

一　明朝实录、宝训

实录是我国古代纂修史籍之一，以编年体的形式记录了皇帝一生的事迹。实录为据实记录，主要依官署所存的档案而写成。

明朝继承了历代编纂的传统。每届嗣君即位之初，即纂修前一代皇帝的实录。每朝设实录馆纂修实录，钦定监修、正副总裁及纂修诸官，并由礼部令中外官署搜集先朝的史迹，包括中央和地方诸司的章疏奏牍、抄存邸报、人物传记等材料。还专门派进士或国学生到各布政司、郡县搜访先朝事迹，然后汇交史馆。史馆纂修时，以朝廷诸司部院所呈缴章奏批件为本，又以遣往各省府官吏搜集的先朝事迹为补充，逐年记录皇帝的诏敕、律令以及政治、经济、文化等方面的大事。实录修成后，卷首列御制序、臣下进实录表、纂修诸臣姓名和纂修凡例等。

明代在开馆纂修实录的同时，还要选择实录中“可供传诵宣布者”，编辑宝训。实录、宝训均修成后，誊录正、副两本。底稿则于进呈正、副本前，由史馆会同司礼监官于太液池旁的椒园焚毁。实录正本存于皇史宬，副本存于文渊阁。

每届实录告成，礼部择吉时，于奉天殿举行隆重的进呈仪式。然后，将实录、宝训的正本送皇史宬，藏于金柜内。副本则存于大内文渊阁。

明朝共修十五代皇帝的实录和宝训，其中实录共 13 部，计 2909 卷。现列举如下。

《明太祖实录》二百五十七卷，建文元年礼部侍郎董伦等始修，永乐元年李景隆、解缙等再修，永乐九年姚文孝、夏原吉、胡广等三修，历时 16 年修成，记开国皇帝朱元璋事迹；《明太祖宝训》十五卷，洪武中詹同等编；

《明成祖实录》一百三十卷、《明成祖宝训》十五卷，总裁杨士奇等修；

《明仁宗实录》十卷、《明仁宗宝训》六卷，蹇义等纂修；

《明宣宗实录》一百一十五卷、《明宣宗宝训》十二卷，杨士奇等纂修；

《明英宗实录》三百六十一卷、《明英宗宝训》十二卷，杨士奇等纂修，记正统、景泰两朝以及英宗复位后天顺年间史事；

《明宪宗实录》二百九十三卷、《明宪宗宝训》十卷，阁臣刘吉等修，弘治四年八月修成；

《明孝宗实录》二百二十四卷、《明孝宗宝训》十卷，大学士刘健、谢迁等修，后又由吏部侍郎焦芳等修，正德四年修成；

《明武宗实录》一百九十七卷、《明武宗宝训》十卷，大学士费宏等修，嘉靖四年修成；

《明世宗实录》五百六十六卷，《明世宗宝训》二十四卷，徐阶、张居正等纂修，万历五年修成；

《明穆宗实录》七十卷、《明穆宗宝训》八卷，张居正等纂修，万历二年七月成书；

《明神宗实录》五百九十四卷、《明神宗宝训》二十六卷，大学士温体仁等纂修，崇祯三年始成；

《明光宗实录》八卷，大学士叶向高等纂修，天启三年修成；

《明熹宗实录》八十四卷，温体仁等纂修，崇祯末年成书。[1]

除实录、宝训外，还有嘉靖皇帝命大学士费宏为其生父兴献王朱祐杬编纂的《明睿宗实录》七百五十卷、《明睿宗宝训》十卷，但其事迹无关当时的朝政。此外还有清初编成的《毅宗崇祯实录》十七卷，非明朝官方所修，仅供参考。

1　以上参阅《明史·艺文志》。

现今海外留存下来各种传抄本明实录约有十余部，已有两种影印本问世：一是梁弘志所影印的南京国学图书馆藏抄本，500册；二是台湾“中央研究院”历史语言研究所1962年影印原北平图书馆所藏的“红格本”，除正文外又附有校勘记29册，以及《崇祯实录》《崇祯长编》《皇明宝训》等21册，共计183册。

二　《万历起居注》

起居注是对皇帝的言行及国家大事的记录。明初曾设起居注，不久废置。至万历时再置，遂为定例。该书为抄本，记事起于万历二年正月，止于万历四十三年十二月，中有缺份。万历一朝史事最为纷繁，朋党之争、门户之分、国体之争、楚宗之争、京察之争、矿税之争，错综复杂。实录、《明史》多有不详或疏略之处，是书皆有记载，且备始末，可补其不足。

三　《元史》

洪武二年二月丙寅，诏修《元史》。上谓廷臣曰：“近克元都，得元十三朝实录。元虽亡，史所以劝惩，不可废。……取元《经世大典》诸书资参考。又遣儒士欧阳佑等往北平，采访元统、至正事迹。”[1]

《元史》就是利用上述史料编纂而成的。史评“古今成书之速，未有如元史者”。

四　《明经世文编》

《明经世文编》，陈子龙、徐孚远、宋徵壁等选编，成书于崇祯十一年，五百零四卷，补遗四卷。编者从全国众多的文集和奏

1　《明史纪事本末》卷一四。

议中，“取其关于军国、济于时用者，上自洪武，迄于今皇帝改元，辑为经世一编”。该书以人物为纲，以年代为次。在同一人物的文集中，又以代言、奏疏、尺牍、杂文为序。其内容十分广泛，诸如时政、礼仪、宗庙、职官、国史、兵饷、马政、边情、边墙、军务、海防、火器、贡市、灾荒、农事、水利、漕运、财政、盐法、刑法、钱法、税课、役法、科举、宗室、弹劾、谏诤等，均有收载，为“囊括典实，晓畅事情”。该书收录的文集，阁臣占十分之五，督抚大臣占十分之四，儒臣、言官占十分之一，保存了许多今已不传的档案史料，对研究明史具有很高的价值。

该书编成后，有崇祯平露堂刊本，清时被列为禁书，现今有1962年中华书局影印本。

五　方域学相关文献

《寰宇通志》系景泰时陈循奉敕纂，《大明一统志》系天顺时李贤等奉敕纂。这两部书勾画了明朝的疆域全貌，是现今保存下来的研究明前期地理形势的绝好资料。

罗洪先《广舆图》是明朝一部著名的地图集。它以元末朱思本《舆地图》为蓝本，改编为明朝的内容，包括十三布政司图、九边图和漕运图等。

西洋传教士利玛窦在北京绘制了若干中外地图，其中最著名的是《坤舆万国全图》，是一本世界地图。

顾祖禹《读史方舆纪要》，采录了丰富的地方史料，考证翔实。

顾炎武《天下郡国利病书》，是方志资料的汇编。

明朝还利用大量的方志档案图绘，纂修了大批方志丛书，绘制了中外各类地图。宋元两朝的志书共500余种，而有明一代就有1500余种，包括通志、府志、州志、县志、镇志等。

第十五章　现存于世的明代档案介绍

第一节　中国第一历史档案馆所存明代档案

一　中国第一历史档案馆所存明代档案的由来

明朝初期，统治者出于治国理政的需要，建立健全了文档制，并建造大量架阁库和专门的档案库以贮档案。但随着争权夺位的政治斗争的出现，又不惜将大量不利于当政者的档案毁掉。如燕王朱棣，在靖难之役中，曾把建文时包括实录在内的全部档案(约数千件)“悉数烧毁”。在英宗与景帝争夺皇位时，也将有关档案销毁。明中叶以后，由于政治腐败、制度废弛，档案管理不善。加上自然灾害，档案被大批损坏。如弘治末年，后湖黄册库因“历年既久，风吹雨淋”，以致“库房损坏，籍册浥烂”。到万历时，后湖黄册库更是“梁柱朽烂，砖瓦倾圮”。库存黄册又被虫蛀鼠咬，或十存四五，或十存二三。

更为严重的，明清易代之际战火纷飞，大量的皇宫档案和中央衙门档案被焚毁，或流失到社会上。顺治元年四月二十九日，大顺军决计西行，李自成随后于武英殿举行称帝仪式。在部队撤离北京之际，趁夜放火焚烧了明代宫殿和衙署，大量存于宫中的珍档秘籍被焚毁。

据《东华录》《清代文字狱》等文献记载，清朝初期，统治者还有意销毁不利于自己的明代档案。顺治时期，为了筹措军费，经皇帝批准，曾经将后湖黄册库的档子分四笔出卖，总计2065530斤。工部尚书孙塔满文奏折称：顺治十三年，正值修奉先殿、海子旧衙门，急用楠木、杉木，请派工部章京、笔帖式，会同江南总督，将后湖黄册库库房拆毁，木植运往北京城，于施工之处接济使用。将无用档子、砖瓦卖出，得银用于折运等项。顺治帝朱批："依议行。"于是工部遵旨遣员，除将万历十五年至崇祯五年的档子库交与江南布政使看守外，将无用档子共555530斤售卖，得银16065两9钱。

随后，又经过有关大臣奏准，卖出三笔。顺治十三年十一月，江南提督关学忠卖出档子800担，其中25担给火药局外官杜秀，制造火箭12500支。此外，剩余之纸，卖银3725两，补给该标甲兵制造盔、弓箭等物。顺治十四年三月，靖南王耿继茂奏请制作马褂、盆桶，拟领无用档子10000担。顺治十五年二月，总漕蔡士英奏请动用无用档子4300担，实得银12914两7钱，用于制造军械、火药等。[1]

中国第一历史档案馆所存明档，绝大部分是清初为修《明史》搜集来的，集中保存在清内阁大库。顺治五年九月谕内三院："今纂修《明史》，缺天启四年、七年实录及崇祯元年以后事迹，着在内六部、都察院等衙门，在外督、府、镇、按及都、布、按三司等衙门，将所缺年份内一应上下文移有关政事者，作速开送礼部，汇送内院，以备纂修。"[2]

这道上谕下发后，有关衙门"因循了事，不行详查"。所以，康熙四年十一月十一日，又谕礼部："前于顺治五年九月内，有

1　栗振复：《明朝档案终归何处》，《中国档案报》2013年3月21日。

2　《顺治实录》卷四〇。

旨纂修《明史》，因缺少天启甲子、丁卯两年实录及戊辰年以后事迹，令内外衙门速查开送，至今未行查送。尔部即再行内外各衙门，将彼时所行事迹及奏疏、谕旨、旧案，俱着查送。在内部院，委满汉官员详查。在外，委该地方能干官员详查。如委之书吏下役，仍前因循了事，不行详查，被旁人出首，定行治罪。其官民之家，如有开载明季时事之书，亦着送来。虽有忌讳之语，亦不治罪。尔部即作速传谕行。”[1]

在清代内阁大库档案中，存有一件《各衙门交收明季天启崇祯事迹》档案四纸，载：

各衙门交收明季天启崇祯事迹

兵部项下：

天启年卷 1742 件

全卷 683 件

不全卷 1059 件

崇祯年卷 21761 件

全卷 9094 卷

簿册 156 件

全 9 本

不全 147 本

以上来文相符

工部项下：

奏疏四本

科抄七件

与来文相符

1　《康熙实录》卷一六。

太仆寺项下：

天启崇祯年间刊就奏疏遗稿一本

与来文相符

内务府项下：

天启崇祯事迹 717 本

全 707 本

不全十本

奏疏 73 件：全 66 件，不全 7 件

礼部项下：

天启崇祯时事迹 1042 件，全 639 件，不全 403 件

簿册 32 本，全 19 本，不全 13 本

鸿胪寺项下：

天启崇祯时事迹抄录一本　　以上俱与来文相符

《兵部邦政纪略书》一部计 15 本。此书存贮本部，现照定衔发遣，俟纂修时取交。

十二月十五日呈

侍读学士　　郑马多

侍读　　科额

典籍　　伊　钱

堂大学士　　车巴　伊　魏　李

学士　　堂塞帅　岳多　蔡　刘　王　张　章[1]

孟森先生也看见过这份档案清单。他在《崇祯存实疏钞跋》一文中说："本校藏内阁大库档案中，有各衙门交收明天启、崇祯事迹清单。内崇祯年卷二万一千七百六十一件。全者九千〇九十四卷，余不全件。此即因天、崇两朝实录或残，或本无有，故

1 《我在故宫七十年》，第 84 页。

特加征集。”[1]

上述两位史学专家亲眼看到的档案清单，就是根据康熙四年所下的谕旨而搜集的明季天启、崇祯档案的清单，由兵部汇交内阁大库。随着有关档案资料的逐步积累和当时全国形势的相对稳定，纂修《明史》的工作才真正展开。

《明史》修成后，这部分明档同明史馆的档案，又被送回内阁大库贮存。

宣统元年，清政府修缮内阁大库，遂将库内档案移出，准备焚毁。学部参事罗振玉见到，请张之洞奏准罢焚，将档案移归学部管理。北洋政府建立后，教育部接管这批档案，交历史博物馆筹备处管理。1921 年，教育部与历史博物馆以经费困难为由，将大部分档案装了 8000 麻袋，约 15 万斤，以银洋 4000 元售给北京同懋斋纸店作造纸原料。这就是中国档案史上骇人听闻的“八千麻袋事件”。

后来，这批档案几经辗转售卖，损失严重。幸亏当时有识之士和爱国的社团，将重要的珍档秘籍购买收存，并进行整理、编目或编纂刊印的工作。

中华人民共和国成立后，根据国家集中统一管理档案的原则，中国第一历史档案馆先后接收了北京大学文科研究所转交的从内阁大库流散出来的一批档案，计黄册 73 箱，明题稿及敕谕、档簿等 44 箱，题本 696 箱。沈阳图书馆移交的清内阁大库档案，是罗振玉转卖 8000 麻袋档案给李盛铎时，自己留存的部分，共计 163 箱。其中有明朝天启、崇祯时的题行稿、科抄题本、奏本、塘报、咨文等 500 余件，另有清朝档案 54000 余件。

除了上述明档案外，中国第一历史档案馆文献馆时期收藏并

1　《明清史论著集刊》。

整理的原存内阁大库、宫中各处的明朝档案，1970年中国人民大学移交中国第一历史档案馆的部分明档，以及中国第一历史档案馆不断从社会上征购的一些零散明档，是中国第一历史档案馆现存主要的明代档案。全部明档共3647件（册），起于洪武四年，止于崇祯十七年。

二　中国第一历史档案馆所存明代档案的主要内容

中国第一历史档案馆所存的明朝档案，主要是明朝内阁、兵部、礼部等机构的档案，有敕谕、诰命、题行稿、题本、奏本、启本、手本、揭帖、塘报及票契、簿册、舆图、书籍等。其中，最早的为洪武四年的户帖、卖田契和永乐八年皇帝颁给失家摄聂喇嘛的敕谕。

宣德、正统、景泰、成化、弘治、正德、嘉靖、隆庆时期的文件不多，只有成化五年、成化二十三年颁给功臣的免死铁券两件。另外，正德九年乾清宫失火，武宗向全国颁发的《罪己诏》(京本誊黄）较为重要。

万历时有重修《武职选簿》，系京内外各卫所职官袭替选补之记载。还有《沈阳群牧所袭替世袭簿》《新官袭职选底》《新官替职选底》《优给优养簿》《选过优给优养簿》《朝鲜迎接天使都监都厅仪轨》等。

天启、崇祯两朝的文件最多，有兵部奏报、郑芝龙在海上活动的题行稿；有反映明清的战争、筹防、调兵及漕运、垦田等事务的文书；有关于官员升迁调补、奖惩、纠参方面的文件。在《锦衣卫选簿》《福州右卫选簿》《天津卫选簿》中，有关于郑和下西洋人物后裔的记载。有关于澳门的档案，记载葡萄牙人入居澳门的情况。

另外，还有南明弘光时期的一些文书，如兵部右侍郎左懋第、太仆寺少卿马绍愉致摄政王的揭帖等。

有明一代，在地图绘制方面有很大的发展，主要表现在综合地图集的出现、地图种类的增加、图例的出现等。地方志数量增加，方志中又附有多幅地图，地图的数量也相应增加。万历十年耶稣会传教士利玛窦来到中国，带来西方制图学，用西方的绘图投影方法多次编绘汉文注记的世界地图，有全球图、南北半球图和东西半球图等。其中，以 1602 年刊印的《坤舆万国全图》影响最大。在西方制图技术的影响下，中国学者编绘的地图，也逐渐使用加绘经线、标纬度的先进制图方法。

现存于世的明代重要地图有《大明混一图》，彩绘绢本，纵 386 厘米，横 456 厘米，绘于洪武二十二年。它是一巨幅的世界地图，东起日本，西达非洲西海岸和西欧，南括爪哇，北至贝加尔湖以南。全图以内地较详，域外地区以西方最详。此图范围广阔，内容丰富，对于研究明代自然地理、边疆地理、政区建制、对外关系等，均有重要的史料价值。全图绘制精美，气势磅礴，是一件十分珍贵的历史文物。[1]

另有《坤舆万国全图》，彩色摹绘本，纵 192 厘米，横 346 厘米。此图于明万历三十六年，由宫中太监依照利玛窦万历三十年绘本摹绘，今藏南京博物院。在当时的世界地图中，该图的东亚地区绘制得最为详尽。为了突出中国，遂使中国居于图的中央。图中绘有当时已知的世界五大洲：亚洲、非洲、欧洲、美洲和南极洲。该图椭圆形投影外的四角，又绘一些关于天文地理的小图，如南北半球图、日食图、月食图、九重天图、天地仪图、中气图等，作为大图的补充。

《大明一统志》，李贤、万安等纂修，天顺五年成书，是一部官修全国总志。其中有《大明一统之图》1 幅，两京十三省的地图 15 幅，四夷图 1 幅，共 17 幅。各图均纵 26.5 厘米，横 35 厘米，

1　《中国古代地图集·明代》。

宽阔舒展，且内容简明扼要，字迹工整，刻印精良，是现存明代较早的分省地图。北京大学图书馆藏有天顺五年刻本。

万历七年钱岱刻制的罗洪先《广舆图》，不但图幅多，而且使用计里画方这一先进的制图方法，在中国地图学史上有重要的影响。

中国第一历史档案馆所存《九州山镇川泽全图》《九边图》《海防图》《天球图》《两河地理图》以及万历三十三年徐必达进呈的彩绘本《乾坤一统海防全图》等，也极为珍贵。

三　中国第一历史档案馆明代档案的整理和编目

现存明档的分类，基本上保持了原来不同时代、不同单位整理档案的体系。档案目录有文献馆编制的《内阁明档目录》《明题行稿目录》《明选簿目录》，北京大学文科研究所明清史料室编制的《明档目录》，罗氏库籍整理处编制的《大库明朝史料目录》。其中《明选簿目录》的档册，按亲军、左军、右军、中军、前军、后军排列。《大库明朝史料目录》按题行稿、行稿、兵科抄题本、兵科抄奏本、揭帖等文种排列。其他目录的文件，都采取编年体系，即按朝、年、月、日排列，逐件登目。

中国第一历史档案馆及辽宁省档案馆所藏明代档案，已于2001年6月由广西师范大学出版社影印出版，名为《中国明朝档案总汇》，共101册。

第二节　我国各地档案馆、博物馆所藏的明代档案

一　台北“中央研究院”历史语言研究所所藏明代档案

台北“中央研究院”历史语言研究所藏明清档案31万余件，

但主要是清代档案。其中，明朝档案只有 4000 余件，是清初为修《明史》征集而来的，现存于明史馆档案中。

史语所所存的明清档案，经过多年的整理编目，已全部上架庋藏。史语所编纂《明清史料》数编，其中弘治年间至崇祯十七年的明档，关于登州海防、东北边境战事，明军与李自成、张献忠起义军作战的情况等，多为兵部题行稿和兵部题本。此外，还有“史料丛书”数种。在张伟仁先生主持下，近年来又影印出版了《明清档案》数十册。

二 辽宁省档案馆所藏明代档案

辽宁省档案馆所藏的明朝档案有辽东都指挥使司档案、山东等处总督备倭署和山东都指挥使司档案、兵部题稿、洪武二十五年部分实录，始于洪武二十五年，终于崇祯六年，共 1081 卷。

（一）辽东都指挥使司档案

辽东都指挥使司（简称辽东都司）为明代地方军事领导机构。洪武八年十月后，由定辽都卫改置。设都指挥使一人，都指挥同知二人，都指挥佥事四人。其属有经历司、断事司、司狱司，设经历、断事、副断事、吏目及司狱。又有仓库、草场，各置大使、副使。下领定辽左、右、中、前、后五卫，铁岭、东宁等卫所，统辖东北的大部分地区。并设有监察御史一员，驻辽阳，掌监督之权，隶左军都督府。[1]

辽东都司的档案比较丰富，列举如下。

第一，军务。明代在军事上主要实行卫所制度。档案中有关辽东都指挥使司军队编制、军丁流亡、军事装备、修建防御工程、在沿边驻兵瞭望等方面的材料，较为丰富。

1 《明史》卷九〇。

第二，职官。有文武官员考试、袭职、役满、候缺、考核、奖惩、升迁、丁忧，及官员生平履历等方面的材料。

第三，赋役。各卫所呈报的有关田赋、徭役的各种清册、细册、报表等，如关于额田、额粮、额草、额贡、鱼课银、苇炭银、盐课银、草豆价银的呈报材料。还有一些反映自然灾害、开荒、土地买卖方面的文书。

第四，马市。明朝为了与海西、建州的少数民族进行贸易，从永乐年间开始，在开元、广宁等处设立马市。档案中有关马市交易的材料较多，如各关马市抽分清册、马市开市日期、参加马市的民族和人数、贸易物品等。

第五，民族关系。有辽东都司和海西、建州及野人女真等少数民族的交往材料，如封官召见、赏赐物品、交易买卖等。也有少数民族进贡马匹、礼品的文书。

第六，工矿。主要有指挥使司统辖下的盐铁业生产、盐铁百户的管理、盐铁税的收纳等方面的材料。

第七，驿站与海运。有驿站的设立、驿站的装备、驿站人员的管理、传递公文等方面的材料。海运方面的档案，主要有嘉靖三十六年至三十八年，辽南地区被火，辽东都指挥使司组织船只运粮赈济的有关材料。

第八，科举制。档案中有嘉靖四十年辽东儒学教官年甲、籍贯、到任年月及所习经书档册，入学生员清册。辽东都指挥使司及广宁卫屯对新中进士、举人交送礼银的牌示，犒赏教官、生员动支银两，买办花红纸张清册，以及贫寒文武生员姓名清册。还有嘉靖至隆庆年间的部分试题及答卷。

第九，诉讼。有辽东都指挥使司成化至万历年间受理的各种民事诉讼案件。案卷中有审讯记录、犯人招供书、甘结、审判书、监囚犯名簿等。档案中有关于偷盗、房屋土地纠纷、诱骗奸拐、家庭婚姻纠纷、冒支军粮、伪造印信等的各类案件。

(二) 山东等处总督备倭署档案

山东等处总督备倭署、山东都指挥使司等衙门的档案有一百八十七卷，主要内容如下。

第一，催办马草的宪牌。

第二，押解犯人的信牌。

第三，解赴墩台瞭哨的申文。

第四，限期告投公文的牌批。

第五，整点军官听后迎护操练的信牌。

第六，官军分班入卫京师的咨文。

第七，登州卫为莱阳县惯盗在监病故的呈文。

第八，官员、马匹、额兵、粮布、钱粮清册。

第九，闭关揭帖。

第十，查理军班、整饬戍边的文书。

档案中特别珍贵的是明代抗倭名将戚继光在嘉靖三十二年至三十四年任都指挥使司佥事时，亲自签批处理的一组文件，反映出戚继光治军和理政的一些情况。

《明史》卷二一二《戚继光传》中载：

> 继光幼倜傥，负奇气。家贫，好读书，通经史大义。嘉靖中嗣职，用荐擢署都指挥佥事，备倭山东。改佥浙江都司，充参将……继光至浙时，见卫所军不习战，而金华、义乌，俗称慓悍，请召募三千人，教以击刺法，长短兵迭用，由是继光一军特精。又以南方多薮泽，不利驰逐，乃因地形制阵法。审步伐便利，一切战舰、火器、兵械，精求而更制之。戚家军名闻天下。

(三) 兵部题稿、实录

明兵部题稿有二十八卷，主要是崇祯二年至十六年，兵部为军事活动及奖赏有功将领的一些题稿。还有义勇右卫、遵化、宁山等在崇祯初年呈报的千户、百户的清册。

辽宁省档案馆还存有一本洪武实录稿部分手抄本。此书记录洪武二十五年正月十二日至六月二十三日事迹，共 88 条目，近 25000 字。据考证，此实录抄本当属建文帝所修太祖实录的稿本。

三 山东曲阜文物管理委员会藏孔府档案中的明代档案

孔子是春秋末期的思想家、政治家、教育家，儒家学派的创始人。自宋朝以来，孔子的后裔被封为衍圣公。明清两代的统治者更为尊孔。洪武时期，诏定衍圣为世袭罔替的公爵，赐孔庙祭田两千大顷、佃户五百户，计 2000 丁。孔林、孔庙洒扫户 115 户。以后各帝不断封赏。至清朝中期，孔家已成为拥有田土万顷、佃户数万的大贵族了。

山东曲阜县文物管理委员会收藏的档案约 20 多万件，起于明嘉靖十三年，止于 1948 年，是我国现存最丰富的贵族档案，号称"天下第一家"的珍档秘籍。它真实记录着古老世家的兴衰。

孔府档案依时序来分，可分明代档案、清代档案和民国档案。其中以清代的档案为最多。这些档案可分为 12 大类，即袭封、宗族、属员、刑讼、租税、林亩管理、祀典、宫廷、朝廷、政治、财务、文书庶务。这些档案真实记录孔府与明朝、清朝政府的关系，所享受的特权及恩赐。其中的一些文书档册，记载着孔府的内部组织结构、典制礼仪及孔府主人尊荣华贵的生活。《孔氏族谱》《祖训》《族规》记录了孔氏家族繁衍袭替的情况。明代孔府档案中，《六十五代衍圣公孔胤植咨请礼部依例题授子兴燮二品冠服》的咨文中，记述了第六十五代衍圣公孔胤植呈请礼部依据明代则例为长子孔兴燮题授二品冠服一事。这事发生在崇祯十七年。当时，农民起义的烽火四起，明朝大厦将倾。此时曲阜城内，年过半百的衍圣公孔胤植，正对自己每况愈下的身体深感忧虑，所以向礼部呈请授予已近束发之年的长子孔兴燮二品冠服。礼部接到呈文后，很快依例奏准，并派人将孔兴燮的二品冠服送到曲阜。[1]

自 1956 年开始整理孔府档案，共整理出 8900 多卷。1980 年，中国社会科学院历史研究所和曲阜文物管理委员会联合编辑出版了《曲阜孔府档案史料选编》。1982 年，中国社会科学院近代史研究所中华民国史研究室亦同曲阜文物管理委员会合编出版了《孔府档案选编》。

四　西藏自治区历史档案馆所藏明代档案

该馆收藏元代至 1959 年的 300 多万件（册）历史档案，以明清时期的档案最为丰富。这些档案主要来源于译仓（达赖秘书处）、摄政王办公室、噶厦和布达拉宫下属的各办事机构、班禅堪厅、昌都噶厦、亚东噶厦，以及色拉寺、哲蚌寺、萨迦寺和拉萨附近各个寺庙的文书。档案中以藏文文书为主，尚有汉、满、回、蒙古、维吾尔等民族文字和英、俄、尼泊尔等文字的文书。

档案主要内容有：明清历代帝王给达赖、班禅、驻藏大臣的封文诏书、敕谕、谕旨；明清中央各部院给西藏地方政府的文书；噶厦向下发布的政令文稿；下级政权机关向上级机关呈送的各种报告、纳税清册等。这些档案记录了西藏地区的政治、经济、民族、宗教、文化等各个方面的历史信息。

在各个全宗内，存有不少明代档案，如 3 号全宗噶厦档案中，有明档 36 件；4 号全宗译仓档案中，有明档 15 件；12 号全宗贡德林档案中，有明档 6 件；下密院全宗档案中，有元明档案 64

1　徐艳、王维新、林琳：《“天下第一家”的生活史》，《中国档案报》2017 年 5 月 26 日。

件，等等。[1]

五　其他各省市档案馆、博物馆所藏明代档案

其他省市档案馆、博物馆等，也存有数量不等的明代档案。青海省档案馆藏有明洪武二年至万历十九年的档案六卷，有朝廷授予千户、百户、土司的诰命、敕命、铁券，陕西监察御史关于茶马贸易的照会等。其中天顺二年英宗朱祁镇赐给右军都督府右都督李文的铁券，至今字迹清晰，金光闪烁，实为稀世珍品。

江苏省泰州市博物馆所藏的明代档案，有崇祯时期臣工题本抄卷，共 38 件，关于大臣申报贼情，官军进剿农民起义军，议修边墙、加强边防等。

河南省汝南县档案馆藏有嘉靖五年和隆庆元年两件皇帝的诰书。

江西省万安县档案馆存有明孝宗朱祐樘弘治十二年敕封云南道监察御史肖柯父母及其妻的丝质诰命两件。

山东省青州市档案馆藏有明万历二十六年赵秉忠的殿试状元卷一件。[2]

以上各省市档案馆、博物馆等所藏明朝档案，都已被整理编目，上架庋藏，科学管理。

1　参阅《明清档案通览》。

2　参阅《明清档案通览》。

附录一　明帝治国理政中的文书制度与档案工作大事记

洪武元年

明军攻下元大都时，朱元璋特令前线将领徐达、常遇春等把元朝“秘书监、国子监、太医院、典籍”“及天文仪象、地理户口版籍、应用典故文字”等收集起来。以备应用。（《明太祖实录》卷三一）

正月初四日，朱元璋祀天地于南郊，即皇帝位，定天下之号曰明，建元洪武。立妃马氏为皇后，世子标为皇太子。初五日颁即位诏于天下。（《明史》卷二）

八月庚午，徐达入元都，封府库图籍。（《明史·本纪·太祖》）

十一月初四日，建大本堂，取古今图书充其中，征四方名儒以教太子、诸王。（《明史》卷七二）

十二月初三日，置登闻鼓于午门外，一御史日监之。非大冤及机密重情不得击，击即引奏。后移至长安右门外，六科、锦衣卫轮收以闻。旨下，校尉领驾帖，送所司问理，蒙蔽阻遏者罪。（《明史》卷二、卷九四）

因元制，设水马站及递运所，寻改站为驿。以后经过各代增损补盖，驿递制度日臻完善。（《国朝典汇》卷一六二）

对中书省臣僚说，“兵革之余，郡县版籍多亡，田赋之制不能无增损。征敛失中，则百姓怨咎。今欲经理，以清其源，无使过制”。于是诏周铸等一百六十四人，往浙西核实田亩。（《明太祖实录》卷二五）

洪武二年

二月初一日，诏修《元史》。缘克元大都后，得元十三朝实录，乃命之。遂开史局于天界寺。八月书成，仅缺顺帝一朝。遂遣儒士欧阳佑等十二人往北平、山东采求元元统以后事迹，于次年二月重开史局。宋濂等奉命续修，六月再成。合前后二书，共二百一十卷。（《明史》卷二、卷一二八）

八月癸酉，《元史》成。（《明史·本纪·太祖》）

九月，制作天子行宝、天子信宝、皇帝信宝、皇帝之宝等。终洪武一朝，共有宝玺十七方。（《明史》卷六八）

洪武三年

四月，置磨勘司综合天下章奏。（《国朝典汇》卷一一〇）

十一月辛亥，诏户部置户籍、户帖，岁计登耗以闻，著为令。（《明史·本纪·太祖》）

上命中书省，将“天下户口钱粮之籍，收入内库藏之。其天下城池、山川地理形胜，亦皆图以成，藏之内库”，以垂久远。（《明太祖实录》卷四九）

命人在南京后湖筑一台，“以藏天下兵册，欲避火灾”。（《明太祖实录》卷四九）

定诸司奏事仪：凡百官奏事皆跪，有旨令起即起。进退皆以次，无得搀越。凡诸臣于御前奏事，或进呈文字，恐有口气、体气，须退立三二步。毋辄近御案立。（万历《大明会典》卷四七）

洪武六年

九月，制定表笺格式。命翰林院儒臣择唐宋名臣笺表可为法式者。词臣以柳宗元《代柳公绰谢表》及韩愈《贺雨表》进。令中书省颁为式，并禁骈俪对偶体。（《明史》卷一三九）

十二月庚寅，颁定《大明律》。（《明史·本纪·太祖》）

诏禁四六文辞。（《皇明大政纪》卷二五）

洪武八年

空印案发生。坐诛、充边者达数百人。（《明史》卷一三九）

在吴元年新宫的基础上，改建大内宫殿，历数年始成。前为奉天、华盖、谨身三大殿。殿后为乾清宫正门。一应门阙俱全。廿五年又改造大内金水桥，又建端门、承天门楼各五间，及长安东门、西门。制度如旧，规模益宏。（《明史》卷六八）

在中央增设六部官员时，增加照磨和管勾人员。（《明太祖实录》卷二一一）

洪武九年

七月二十二日，置递运所，以便递送。设大使一人，副使一人，验夫多寡，设百夫长领之。后汰副使，革百夫长。（《明史》卷七五）

十二月，刑部主事茹太素疏论时务，累万余言。上令人诵之再三，采其切要可行者，才五百余言。遂令中书省制定建言格式，使言者陈得失，无烦文。（《国朝典汇》卷一一〇）

十二月，颁建言格式。上因主事茹太素上疏时务，累万余言，可行者四事。因颁示中外，使言者直称得失，无事烦文。（《皇明大政纪》卷三）

洪武十年

正月，上以刑部主事茹太素所陈之事，五百余言可尽，而其奏书一万七千言，过于繁冗。诏中书省定奏对式，俾陈得失者无繁文。（《明史》卷一三九）

六月丁巳，诏臣民言事者，实封达御前。（《明史·本纪·太祖》）

秋七月，置通政使司。由察言司改设，掌受四方章奏。（《明史·职官志二》）

洪武十一年

三月，上命诸司“奏事毋关白中书省”，于是始疑胡惟庸等。（《明史》卷二）

洪武十三年

正月初二日，胡惟庸谋反案发。惟庸自总中书，专肆威福，生杀黜陟有不奏而行者；内外诸司人奏，选取视之，有病已者辄匿不报。于是四方奔竟之徒趋其门下，权势日炽，遂有异谋。此案株连党羽凡万五千人。（《明史》卷二、卷三〇八）

春正月戊戌，左丞相胡惟庸谋反。罢中书省，废丞相等官，更定六部官秩。改大都督府为中、左、右、前、后五军都督府。(《明史·本纪·太祖》)

春正月，罢中书省，升六部官秩，如古六卿之制。(《明史纪事本末》卷一四)

正月，以胡惟庸乱政，罢中书省，不设丞相。仿古六卿制，以政归六部。(《明史》卷二、卷七二)

三月壬寅，燕王棣之国北平。(《明史·本纪·太祖》)

复改大都督府为中、左、右、前、后五军都督府。明初设枢密院以管理军事，后改为大都督府。(《古今图书集成》卷六七)

洪武十四年

定赋役籍，编里甲，造黄册。[1]

洪武十五年

建立文书行移勘合制度。(《明史》卷八〇)

定《行移往来事例》。(万历《大明会典》卷七一)

颁《行移署押体式》《行移往来事例》，作为中央和地方各级衙门来往行文的规制。(万历《大明会典》卷七一)

1　《中国大百科全书·中国历史》(缩印本)

洪武十六年

六月，令“天下臣民凡奏事者，实封直达御前”。（《明太祖实录》卷一一三）

七月，谕令设通政使司，“掌出纳帝命，通达下情，关防诸司出入公文”。（万历《大明会典》卷二一二）

洪武十七年

二月，定诸司文移纸式。（《国朝典汇》卷一一〇）

秋七月戊戌，禁内官预外事，敕诸司毋通内官监文移。（《明史·本纪·太祖》）

十月丁亥，敕内官毋预外事。凡诸司，毋与内监文移往来。（《明史纪事本末》卷一四）

颁科举取士程式。（《中国大百科全书·中国历史》）

洪武十八年

十月己丑，颁《大诰》于天下。（《明史·本纪·太祖》）

洪武二十年

春正月甲子，大祀天地于南郊。礼成，谕曰：“为人君者，父天母地子民，皆职分之所当尽。祀天地，非祈福于己，实为天下苍生也。”（《明史·本纪·太祖》）

编绘鱼鳞图册，与黄册并行。（《中国大百科全书·中国历史》）

洪武二十四年

朱元璋明令“置天下诸司架阁库，以庋案牍，仍设吏掌之”。(《明太祖实录》卷二一一)

撰造黄册格式。(万历《大明会典》)

洪武二十五年

九月，派监生潘文等一百七十一人到各布政使司“考核诸司案牍”。(《明太祖实录》卷二二一)

十一月，南京紫禁城宫殿建筑整体建成。(《明太祖实录》卷二二三)

洪武二十六年

十一月十二日，诏建銮驾库于皇城东长安门外。(《明太祖实录》卷二三〇)

定写黄续黄例。(万历《大明会典》卷一一二)

因元旧制，建立照刷文件制度。这不仅是对官员处理政务的考核，而且是对文档工作的全面检查。(万历《大明会典》)

凡天下水马驿、递运所，专一递送使客、飞报军情、转运军需等项。(万历《大明会典》卷一四五)

凡开设各处衙门，合用印信、札付，铸印局官依式铸造给降。其有改铸销毁等项，悉领之。(万历《大明会典》卷七九)

定诰敕轴制。（万历《大明会典》卷六）

洪武二十八年

夏六月壬申，谕曰："朕罢丞相，设府、部、都察院分理庶政，事权归于朝廷。嗣君不许复立丞相。臣下敢以请者，置重典。"（《明史·本纪·太祖》）

洪武二十九年

八月，上以天下诸司所进表笺各多奇巧，词体骈俪，心甚厌之。乃命学士刘三吾、右赞善王俊华撰庆贺谢恩表笺成式，颁天下诸司，如式录进。（《翰林记》卷一一）

上令"置五军都督府照磨所"，以掌文牍。（《明太祖实录》卷二四六）

定诸司奏事仪。（万历《大明会典》卷四四）

洪武三十年

五月甲申，《大明律》告成，刊布中外。（《明史纪事本末》卷一四）

洪武三十一年

闰五月初八日，上病危。初十日，卒于西宫，年七十有一。遗诏：皇太子朱允炆，宣登大位。（《明史》卷三）

洪武年间

明初定制，"臣民具疏上于朝廷者为奏本"。（万历《大明会

典》卷七六）

明初，上建国伊始，令各地官员每月奏报一次雨泽情况，以便周知水旱，“以施恤民之政”。（《国朝典汇》卷一一〇、卷一一一）

置南京后湖黄册库，专门保管全国的赋役档案。（《江南名胜图说》）

御制《授职到任须知》，冠以“敕谕”，以为入官之法。令凡除授官员，皆于吏部关领赴任。（万历《大明会典》卷九）

颁《敕谕授职到任须知》。规定官吏上任必须对档案进行点验工作。（《明会典》卷九）

定《行移署押体式》。（万历《大明会典》卷七六）

永乐元年

春正月己卯，永乐帝在南京御奉天殿受朝贺，宴群臣及属国使。（《明史·本纪·成祖》）

永乐帝即位，“寻命编修等官于文渊阁参预机务，谓之内阁”。（《皇明大政纪》卷五）

永乐二年

三月，上召六科都给事中马麟等，谕曰：“为治贵得大体。比尔等疏驳奏牍，一字之误，皆喋喋以言，琐碎甚矣！”（《国朝典汇》卷一一一）

永乐四年

正月，成祖初御午朝，谓六部及侍臣曰："早朝四方奏事者多，君臣之间，不得尽所言。午后事简，卿等有所欲言者，可以从容陈论。毋以将晡，疑朕倦于听纳。朕有所欲言者，亦可及此时与卿等商榷而行。"（《明史》卷六）

八月丁酉，诏通政司，凡上书奏民事者，虽小必以闻。（《明史·本纪·成祖》）

永乐五年

《永乐大典》修成，凡二万二千九百三十七卷、一千一百九十五册，成祖亲自制序。（《明史》卷一四五、卷一五二）

永乐六年

三月壬午，帝至北京。闰四月戊申，命监国皇太子所决庶务，六科月一类奏。（《明史·本纪·成祖》）

七月，令礼部自今后诸司庶务启事东宫处分者，则书"太子令旨"。其承受于亲王者，书"王令旨"，着为定例。（《国朝典汇》卷一一〇）

永乐十年

正月己丑，命入觐官千百余人各陈民瘼，不言者罪之。言有不当，勿问。（《明史·本纪·成祖》）

永乐十三年

正月壬子，北京午门灾。（《明史·本纪·成祖》）

永乐十四年

七月丁亥，命作北京西宫。十一月壬寅，诏文武群臣集议营建北京。（《明史·本纪·成祖》）

永乐十五年

四月癸未，西宫成。（《明史·本纪·成祖》）

永乐十六年

五月，重修《太祖实录》成，共二百五十七卷，为二百五十册。又《宝训》计十五卷，为十五册。成祖御殿以受，令别录藏古今通集库。《太祖实录》自此始定。（《明史》卷七）

永乐十八年

八月丁亥，诏自明年改京师为南京，北京为京师。十一月戊辰，以迁都北京诏告天下。十二月癸亥，北京郊庙宫殿成。（《明史·本纪·成祖》）

九月，北京紫禁城宫殿建筑告成，并以迁都北京诏告天下。（《明实录》卷一八七）

九月，成祖定都北京，诏：自明年正月，改京师为南京，北京为京师，设六部，去行在之称。十一月，以迁都北京诏告天下。十二月，皇太子、皇太孙至京师。北京郊庙宫殿成。（《明史》卷七）

建北京，凡宫殿、门阙规制，悉如南京，壮丽过之。（《明史》卷六八）

永乐十九年

正月甲子朔，奉安五神主于太庙，御奉天殿受朝贺，大宴。夏四月庚子，奉天、华盖、谨身三殿灾。（《明史·本纪·成祖》）

迁都北京，以南京为留都。（《中国大百科全书·中国历史》）

永乐二十年

闰十二月戊寅，乾清宫灾。（《明史·本纪·成祖》）

永乐二十二年

七月己丑，亲征阿鲁台，次苍崖戍，不豫。庚寅，至榆木川，大渐。遗诏传位皇太子。辛卯，崩，年六十有五。（《明史·本纪·成祖》）

八月丁巳，皇太子朱高炽即皇帝位，年号洪熙，大赦天下。（《明史·本纪·成祖》）

“令诸司有急切机务不得面陈者，许具题本投进。若诉私事、丐私恩者，不许。”（万历《大明会典》卷七六）。

洪熙元年

五月庚辰，帝不豫。辛巳，大渐。是日，崩于钦安殿，年四十有八。（《明史·本纪·仁宗》）

四方奏报雨泽章疏，旧皆贮通政司，司臣有欲送科臣收贮者。上曰：“祖宗所以令天下奏雨泽者，盖欲前知水旱，以施恤民之政，此良法美意。今州县雨泽章奏乃积于通政司，上之人何由知？

又欲送给事中收贮，是欲上之人终不知也。如此徒劳州县，何为？自今四方所奏雨泽，至即封进，朕亲阅焉。”（《国朝典汇》卷一一〇）

宣德元年

正月，通政司进各处雨泽奏本。上谓侍臣曰：“祖宗爱民之心、保民之道，于斯可见。前世人主，有民之休咎藐不闻者，岂是久安长治之道？我国家自太祖皇帝令天下有司月奏雨泽，世世相承为成宪，岁之丰俭，民之休戚，靡不周知，其感深矣。”此奏不知何时遂废。（《国朝典汇》卷一一一）

秋七月己亥，谕六科，凡中官传旨，必覆奏始行。（《明史·本纪·宣宗》）

秋七月，命六科给事中，凡内官传旨，皆须覆奏，然后行。（《明史纪事本末》卷二八）

宣德三年

夏四月癸亥，敕凡官民建言章疏，尚书、都御史、给事中会议以闻，勿讳。（《明史·本纪·宣宗》）

宣德十年

正月乙亥，帝崩于乾清宫，年三十八。（《明史·本纪·宣宗》）

正月，宣宗死，太子祁镇即位，是为英宗。以宦官王振掌司礼监。明代宦官乱政自此始。（《中国大百科全书·中国历史》）

正统九年

建立票拟制度。明英宗即位时，年仅九岁，没有阅处奏疏的能力，朝政大权由皇太后操纵。皇太后怕担专擅之名，遂开始将题奏本章汇奉内阁，令大学士先拟出初步处理意见，写在另一张纸签上（时称票签）。然后，内阁将票签与章奏一同送皇太后定夺。（《春明梦余录》卷二三）

正统十年

凡臣下奏事，命廷臣与内阁会议，具本奏决。英宗九岁即位，没有能力亲理朝政，改变宣德以前每有大事与群臣面议、传旨施行、不待批答的制度，始命廷臣与内阁会议，具本奏决。

另外，旧制，凡传奉圣旨，诸司奉行者，以所得旨意，具本覆奏送科。自奈亨案后，此制遂废。（《国朝典汇》卷一一〇）

天顺二年

上谓阁臣李贤曰："朕每得章奏，无不亲阅……身负荷天下之重，而图自安逸，可乎？劳一身以安兆民，予所欲也。"（《国朝典汇》卷一一一）

天顺八年

正月，英宗死，太子朱见深即位，是为宪宗。始以内批授官，时称传奉官。（《明史》卷一三）

成化元年

正月，诏令自今各衙门一应奏题旨意，即明白覆奏发落，毋得稽缓。五日内不复者，该科劾之。（《国朝典汇》卷一一一）

成化三年

二月，上命在外官宜如旧制。其京官公差在外者，宜依韵书。若有急切事情，恐有漏泄，许写题本。务使字画真楷，不许草率。(《国朝典汇》卷一一一)

弘治元年

三月，命吏兵二部疏两京文武大臣、在外知府守备以上官姓名，揭于文华殿。有升迁、罢斥者，易以新除。(《明史》卷一五)

弘治十年

三月，诏修《大明会典》。弘治十五年，《大明会典》成，凡一百八十卷，大学士刘健表进。(《明史》卷一五、卷一八一)

正德十六年

十二月，给事中夏言言："先年刘瑾捏写旨意，既已伏诛。而近日钱宁家又复搜出题奏本四十余件，江彬阻抑边情本一百三十六件，司礼监隐藏不报本又数百件。似此欺蔽，可为寒心。"(《国朝典汇》卷一一一)

嘉靖八年

对公文格式作出明确规定。题本每幅六行，一行二十格，抬头二字占二格，余格平写十八字。奏本每幅六行，一行二十四格，抬头二字占二格，余格平写二十二字。(《礼部志稿》卷二二)

嘉靖十三年

七月丁丑，命建皇史宬于重华殿西，敕馆阁诸臣重书九朝宝

训及实录，奉御容于阁上，藏训录于阁下。（《皇明嘉隆两朝闻见记》卷四）

嘉靖十五年

八月，神御阁成，奉御容、宝训、实录于其中。以宝训、实录所藏，更名曰“皇史宬”。（《明史》卷一七）

嘉靖二十一年

四月庚申，建大高玄殿成。（《明史·本纪·世宗》）

嘉靖三十三年

元旦，以六科给事中张思静等贺表中失抬“万寿”字，杖思静等于廷，各四十。（《明史》卷一八）

嘉靖三十九年

戚继光建成戚家军。戚继光初备倭山东，后改佥浙江都司，充参将，隶俞大猷。继光至浙，见卫所军不习战，而义乌、金华，俗称剽悍，请招募三千人，教以击刺法，长短兵迭用，由是继光一军特精……由是戚家军名闻天下。（《明史》卷二一二）

嘉靖四十一年

九月壬午，重建三大殿成。改奉天曰“皇极”、华盖曰“中极”、谨身曰“建极”。（《明史·本纪·世宗》）

嘉靖四十五年

二月，户部主事海瑞见世宗久不视朝，专意斋醮，督抚大吏争上符瑞，廷臣表贺，无敢言者，遂独上疏论劾，大略直言世宗

过。疏入，世宗大怒，掷于地，令左右趣执之，无使逃逸。（《明史》卷二二六）

隆庆二年

八月，大学士张居正上疏陈述六事。近日以来，朝廷诏旨多废格不行，文卷委积，多致沉埋。请敕下各司，严立期限，辄令奏报。（《明史纪事本末》卷六一）

大学士张居正疏言："臣见近日以来，朝廷诏旨，多废格不行，抄到各部，概从停阁。或已题奉钦依，一切视为故纸……伏望敕下部院各衙，凡大小事务，既奉明旨，须数日之内，即便题覆……其有合行议勘问奏者，亦要酌量事之缓急、道之远近，严立期限，趣令奏报。"（《国朝典汇》卷一一一）

隆庆六年

十二月，大学士张居正进《帝鉴图说》。（《明史纪事本末》卷六一）

万历元年

十一月庚辰，命诸司立程限文簿，以防稽缓。（《明史·本纪·神宗》）

十一月，立章奏考成法。时张居正言："近来章奏繁多，各衙门题覆无虚日，然敷奏虽勤，而实效盖鲜。请申成宪，先酌量道里远近，事情缓急，定程限，立文簿，月终注销。抚按稽迟者，部举之。部院容隐欺蔽者，六科举之。六科容隐欺蔽者，阁臣举之。月有考，岁有稽，则名必中实，事可责成。"诏允行。自是政体为肃。此外，张居正还建立了随事考成的制度，要各衙门将逐日的章奏登记，立文册两本，一送六科，一送内阁。实行一件，注销一件。每年每月针对事情的完成程度加以考稽。（《明史》卷二〇、卷二一三）

万历二年

十二月壬子，大学士张居正率大臣上御屏，绘天下疆域及职守姓名，用浮帖，以便更换。上命设立文华殿，时加省览。（《明史纪事本末》卷六一）

万历三年

二月丙申，始命日讲官分直记注起居，纂辑章奏，临朝侍班。（《明史·本纪·神宗》）

四月壬申，书谨天戒、任贤能、亲贤臣、远嬖佞、明赏罚、谨出入、慎起居、节饮食、收放心、存敬畏、纳忠言、节财用十二事于座右，以自警。（《明史·本纪·神宗》）

复设起居。阁臣张居正等议，国初设起居注官，日侍左右，记录言动，实古者左史记事、右史记言之制。但自职名更定之后，遂失朝夕记注之规，以致累朝以来，史文阙略。今宜申明史职，以复旧制。令日讲官日轮一员，专记注起居，兼录圣谕、诏敕、册文等项及内阁题稿。其朝廷政事，以吏、户、礼、兵、刑、工为次，选年深学优史官六员，每人专纂一曹。俱在朝供职，不得别有差遣。凡遇常朝，御皇极门，即轮记事官侍班，居文武第一班之后，近上，便于视听，即古螭头载笔之意。诏允行。（《明史》卷二〇、卷二一九）

万历四年

六月，诏重修《大明会典》。是书重修于嘉靖二十八年，进呈未刊。至是礼臣题请，允行。（《明史》卷九七）

万历十四年

自秋末后，神宗屡以身体欠安为由，久不视朝，章疏多留中不发。郊庙时享，遣官代行。经筵日讲，亦多传免。（《明史·本纪·神宗》）

万历十五年

十月庚申，大学士申时行请发留中章奏。（《明史·本纪·神宗》）

十月，内阁申时行请发留中章奏。自郑贵妃进封，诸臣被谴后，凡言建储、分封及进封恭妃章奏，咸留中不发。而神宗年壮倦勤，亦多留中不发，故有是请。（《明史》卷二〇）

万历十六年

十一月辛酉，禁章奏浮冗。（《明史·本纪·神宗》）

万历十七年

八月，严匿名揭帖之禁。（《明史》卷二〇）

万历十八年

以大理评事雒于仁谏疏，神宗不欲外得知，留中不发。自是，章奏留中遂为成例。（《中国大百科全书·中国历史》）

万历二十四年

三月九日，坤宁宫大火，延及乾清宫，一时俱焚。（《明史》卷二〇）

万历二十五年

六月十九日，皇极、中极、建极三殿灾。时火起归极门，延至三殿及文昭、武成二阁。周围廊房，一时俱烬。以皇极门左右两廊被焚，大学士张位等停止国史纂修事务，遂罢修国史。万历三十年，重建乾清、坤宁二宫。（《明史》卷二一）

万历二十八年

耶稣会教士利玛窦到京，神宗允其在京师建教堂传教。（《明史·本纪·神宗》）

天启元年

八月，信王朱由检受遗命即皇帝位，大赦天下。（《明史》卷二三、卷一一四）

崇祯元年

二月乙未，禁章奏冗蔓。（《明史·本纪·庄烈帝》）

崇祯十七年

正月初一日，李自成称王于西安，国号大顺，改元永昌，改名为自晟。设府置官，大封诸臣。（《明史》卷三〇九）

三月丁未，昧爽，李自成攻进内城。帝崩于万岁山，王承恩从死。御书衣襟曰："朕凉德藐躬，上干天咎，然皆诸臣误朕。朕死，无面目见祖宗，自去冠冕，以发覆面。任贼分裂，无伤百

姓一人。”（《明史·本纪·庄烈帝》）

三月十九日辰，崇祯帝自缢于万岁山。（《明史》卷二四、卷三〇五）

三月，李自成入北京。太监曹化淳启彰仪门，自成军尽入。自成毡笠缥衣，乘乌驳马，入承天门。伪丞相牛金星、尚书宋企郊等骑而从。（《明史》卷二四、卷三〇九）

附录二　参考书目

一　档案文献

司马迁：《史记》，中华书局，1959 年。

《明实录》，台湾“中央研究院”历史语言研究所，1962 年。

姚士观辑：《明太祖文集》，《景印文渊阁四库全书》第 1223 册。

夏原吉监修，胡广、杨荣等总裁，金幼孜、杨士奇纂修：《明太祖实录》，台北“中央研究院”历史语言研究所，1962 年。

杨辅、骞义、夏原吉等监修，杨士奇、杨荣、金幼孜总裁，曾棨纂修：《明太宗实录》，台北“中央研究院”历史语言研究所，1962 年。

翟善等奉敕编：《诸司职掌》，《续修四库全书》第 748 册。

朱元璋：《大诰》，上海古籍出版社，2001 年。

徐一夔等：《明集礼》，《景印文渊阁四库全书》第 649~650 册。

李东阳等总裁：正德《明会典》，《景印文渊阁四库全书》第 617~618 册。

申时行等总裁、赵永贤等纂修：万历《大明会典》，江苏广陵古籍刻印社，1889 年。

朱国祯：《涌幢小品》，明天启二年刻本。

张居正等：《帝鉴图说》，齐鲁书社，1996 年。

李贤等奉敕撰：《明一统志》，《景印文渊阁四库全书》第 472~473 册。

沈德符：《万历野获编》，《历代史料笔记丛刊》本。

沈节甫辑：《纪录汇编》，《中国文献珍本丛书》本。

黄佐、廖道南：《殿阁词林记》，《景印文渊阁四库全书》第 452 册。

姜清：《姜氏秘史》，《四库全书存目丛书》史部第46册。

黄光升编：《昭代典则》，万历二十八年万卷楼刻本。

黄瑜：《双槐岁钞》，《续修四库全书》第1164册。

邓士龙：《国朝典故》，北京大学出版社，1993年。

刘若愚：《酌中志》，北京古籍出版社，1994年。

沈越：《皇明嘉隆两朝闻见记》，《四库全书存目丛书》本，齐鲁书社。

许重熙：《宪章外史续编》，台北伟文图书出版社，1977年。

徐学聚：《国朝典汇》，《四库全书存目丛书》史部第264~266册。

陈子龙等选辑：《明经世文编》，中华书局，1962年。

张廷玉等：《明史》，中华书局，1974年。

昭梿：《啸亭杂录》，中华书局，1980年。

于敏中等：《日下旧闻考》，北京古籍出版社，1980年。

孙承泽：《春明梦余录》，北京古籍出版社，1992年。

龙文彬：《明会要》，中华书局，1956年。

傅维鳞：《明书》，中华书局，1985年。

谈迁：《国榷》，北京古籍出版社，1958年。

查继佐：《罪惟录》，浙江古籍出版社，1986年。

谷应泰：《明史纪事本末》，中华书局，1997年。

陈梦雷编纂，蒋廷锡校订：《古今图书集成》，中华书局、巴蜀书社，1985年。

中国第一历史档案馆、辽宁省档案馆：《中国明朝档案总汇》，广西师范大学出版社，2001年。

中国第一历史档案馆：《中国第一历史档案馆馆藏档案概述》，档案出版社，1985年。

邢永福主编，《明清档案通览》编委会编：《明清档案通览》，中国档案出版社，2000年。

曹婉如等编：《中国古代地图集·明代》，文物出版社，1994 年。

二　研究论著

沈兼士：《整理档案规程》。

孟森：《明清史讲义》，中华书局，1981 年。

孟森：《明清史论著集刊》，中华书局，2006 年。

庄吉发：《故宫档案述要》，台北故宫，1983 年。

单士魁：《清代档案丛谈》，紫禁城出版社，1987 年。

秦国经等撰：《中国大百科全书·文书学》，中国大百科全书，1993 年。

周雪恒主编：《中国档案事业史》，中国人民大学出版社，1994 年。

秦国经：《中华明清珍档指南》，人民出版社，1994 年。

秦国经：《明清档案学》（增订版），学苑出版社，2016 年。

中国大百科全书：《中国大百科全书·中国历史》（缩印本），中国大百科全书出版社，1994 年。

单士元：《我在故宫七十年》，北京师范大学出版社，1997 年。

刘尽、董燕翔、刘文杰、贾宪保：《中国文书史稿》，陕西人民出版社，1988 年。

邓绍兴：《人事档案教程》，中国传媒大学出版社，2008 年。

梁继红：《中国档案文献编纂史》，国家图书馆出版社，2009 年。

许大龄：《明史》，中国大百科全书出版社，2010 年。

赵彦昌：《中国档案史研究史》，世界图书出版公司，2012 年。

吴晗：《吴晗说明史》，华东师范大学出版社，2012 年。

中国社会科学院历史研究所编：《简明中国历史读本》，中国社会科学院出版社，2012 年。

张德泽：《清代国家机关考略》，故宫出版社，2012 年。

杨永康：《明代官方修史与朝廷政治》人民出版社，2015 年。

陶希圣、沈任远：《明清政治制度》，故宫博物院图书馆藏本。

附录三　明清纪元简表

皇　帝	年　号 （在位年限）	元年干支 （公元纪年）
太祖（朱元璋）	洪武（31）	戊申（1368）
惠帝（朱允炆）	建文（4）*	己卯（1399）
成祖（朱棣）	永乐（22）	癸未（1403）
仁宗（朱高炽）	洪熙（1）	乙巳（1425）
宣宗（朱瞻基）	宣德（10）	丙午（1426）
英宗（朱祁镇）	正统（14）	丙辰（1436）
代宗（朱祁钰）	景泰（8）	庚午（1450）
英宗（朱祁镇）	天顺（8）	丁丑一（1457）
宪宗（朱见深）	成化（23）	乙酉（1465）
孝宗（朱祐樘）	弘治（18）	戊申（1488）
武宗（朱厚照）	正德（16）	丙寅（1506）
世宗（朱厚熜）	嘉靖（45）	壬午（1522）
穆宗（朱载垕）	隆庆（6）	丁卯（1567）
神宗（朱翊钧）	万历（48）	癸酉（1573）
光宗（朱常洛）	泰昌（1）	庚申八（1620）
熹宗（朱由校）	天启（7）	辛酉（1621）
思宗（朱由检）	崇祯（17）	戊辰（1628）
* 建文四年时成祖废除建文年号，改为洪武三十五年。		
太祖（爱新觉罗·努尔哈赤）	天命（11）	丙辰（1616）
太宗（爱新觉罗·皇太极）	天聪（10） 崇德（8）	丁卯（1627） 丙子四（1636）
世祖（爱新觉罗·福临）	顺治（18）	甲申（1644）
圣祖（爱新觉罗·玄烨）	康熙（61）	壬寅（1662）
世宗（爱新觉罗·胤禛）	雍正（13）	癸卯（1723）
高宗（爱新觉罗·弘历）	乾隆（60）	丙辰（1736）
仁宗（爱新觉罗·颙琰）	嘉庆（25）	丙辰（1796）
宣宗（爱新觉罗·旻宁）	道光（30）	辛巳（1821）
文宗（爱新觉罗·奕詝）	咸丰（11）	辛亥（1851）
穆宗（爱新觉罗·载淳）	同治（13）	壬戌（1862）
德宗（爱新觉罗·载湉）	光绪（34）	乙亥（1875）
爱新觉罗·溥仪	宣统（3）	己酉（1909）
清建国于1616年，初称后金，1636年始改国号为清，1644年入关。		

◆ 制表参考《现代汉语词典》（第7版，商务印书馆，2016年）。

◆ 年中改元时，在干支后用数字注出改元的月份。

后　记

拙著《明代文书档案制度研究》即将付梓之际，我要特别感谢故宫出版社的领导和编辑，把我的这本书纳入“明清史学术文库”，在书前还特加了主编郑欣淼院长和戴逸老师的总序，我感到十分高兴。

我还要特别感谢宫廷历史编辑室主任王志伟同志。他责任心很强，对本书稿的内容、框架结构、史料运用等，反复审阅，精心雕琢。他还特请学识丰富的邓曼兰编辑，规范书稿的层次，逐字逐句对书稿进行了详细审定。感谢她辛劳的付出！

志伟同志工作热情。他考虑到我年迈体衰，每次取稿、送稿或有事商量，都不辞辛苦亲自来我家，坦诚交谈，提出不少有益的意见。我十分感谢他！

我还要感谢沈燕同志。她本身工作很忙，主要利用业余时间为我整理草稿。特别是我的草稿比较乱，她都耐心地一字一句地进行核对、改正，反复打印，非常辛苦。我衷心地感谢她对我的帮助！

秦国经

2018 年 12 月

编后说明

《明清史学术文库》旨在整合出版上世纪以来，明清史学研究领域中学术影响深远的专题论著（暂未包括专有出版权与其他出版机构有合同约束的论著）。

由于所选书稿在此前分别由不同的出版社出版，因此在编辑制作过程中，我们尤其注重构建本丛书的体例。特作说明如下。

一　内容

为保持与相关领域学术发展同步，本丛书出版前，各册书稿内容均请作者、作者家属或相关学者在原著基础上作了厘正。

二　结构

从书各册内容按照章、节等体例安排层级关系，图表按章排序。

三　文字

文献名、引文、年号、姓名等文字中，如遇异体字或无对应的现行简化字，则保留原字。

四　注释

1. 相同文献的相同版本信息，只在第一次出现时予以标注（该文献如在书中出现其他版本信息，则逐一标注；如来稿每则注释皆信息完整，且体例统一，则不予改动；如信息查询未果，则维持缺项）。

2. “二十四史”等常见古籍，如无特殊需要，皆不注明版本信息。

3. 古籍卷数用“卷”与汉字表示，如卷一九、卷一三五等。

五　年代换算

明清两朝的干支纪年或未逐一换算成公元纪年，对于原著未附纪元表的专著，附以《明清纪元简表》，以便参考。

六　寄语

本丛书各册作者皆为相关领域学术大家，故每册卷首均设作者寄语。寄语或为约请作者提供，或从其专著中援引。

宫廷历史编辑室

2012 年 7 月

图书在版编目（CIP）数据

明代文书档案制度研究 / 秦国经著. —— 北京 : 故宫出版社，2019.6

（明清史学术文库）

ISBN 978-7-5134-1174-5

Ⅰ. ①明… Ⅱ. ①秦… Ⅲ. ①文书档案-规章制度-研究-中国-明代 Ⅳ. ①G279.294.8

中国版本图书馆 CIP 数据核字（2018）第 245224 号

明代文书档案制度研究

著　　者：秦国经
责任编辑：邓曼兰
封扉设计：李　猛
出版发行：故宫出版社
　　地址：北京市东城区景山前街 4 号　邮编：100009
　　电话：010-85007808　010-85007816　传真：010-65129479
　　网址：www.culturefc.cn　邮箱：ggcb@culturefc.cn
制　　版：保定市万方数据处理有限公司
印　　刷：保定市中画美凯印刷有限公司
开　　本：787 毫米 × 1092 毫米　1/16
印　　张：15.5
字　　数：195 千字
版　　次：2019 年 6 月第 1 版
　　　　　2019 年 6 月第 1 次印刷
印　　数：1～2500 册
书　　号：ISBN 978-7-5134-1174-5
定　　价：46.00 元